Conception graphique : Élodie Saracco.

Photo page précédente © Uferas/Rapho/Eyedea Presse

place
des
éditeurs

© éditions Hors Collection, 2007

ISBN 978-2-258-07659-4 – N° d'éditeur : 935 – Tous droits réservés

Retrouvez-nous sur : www.horscollection.com

Dépôt légal : novembre 2007

Imprimé en France par Mame

ALEXANDRE LATOUR

Luciano
PAVAROTTI

Le ténor du peuple

HORS][COLLECTION

Photo ci-dessus © Alinari/Roger-Viollet, photo page suivante © Michael Ochs Archives/Getty Images

Introduction

Aucun autre interprète d'opéra, à l'exception de la Callas, n'a été autant célébré et admiré que Luciano Pavarotti. La voix du ténor a conquis le public du monde entier, qu'elle s'élève dans les salles de concert ou en plein air, dans des stades, des parcs ou sur les plus prestigieuses esplanades de la planète. Véritable vedette, il a contribué à dépoussiérer l'opéra et à lui redonner tout son lustre, allant jusqu'à rendre populaire cet art réservé à l'origine aux seules élites. De la fin des années 1960 au milieu de la décennie 2000, il est devenu le chanteur lyrique le plus emblématique de sa génération. Sa longévité vocale exceptionnelle, il la doit en partie au fait d'avoir souvent revisité le même répertoire. En n'interprétant qu'une vingtaine de rôles – quand son modèle Caruso en joua une cinquantaine et Placido Domingo plus d'une centaine –, il a su limiter sa prise de risques, mais aussi acquérir une homogénéité impressionnante et une confiance en lui inaltérable. C'est ainsi que sa voix en or a pu gagner en force, en maturité, en profondeur et en couleur. Si la tessiture de sa voix s'assombrit avec les années, elle demeure capable d'atteindre des notes toujours saisissantes. Les années sont passées sur elle sans altérer en rien sa beauté originelle, sa précision ou son expressivité. Démesuré dans tout ce qu'il fait et jusque dans son apparence physique, Pavarotti éblouit, séduit et ne manque jamais ses notes hautes, ce qui lui vaut le surnom de « roi du contre-ut [1] ». Chanteur de talent et acteur-né, il se sert de son extraordinaire charisme pour toucher les médias – ce qu'aucun autre chanteur d'opéra n'avait fait avant lui –, amassant ainsi une fortune considérable. Ses concerts télévisés, sa vie privée, ses amitiés célèbres et ses actions caritatives ont fait parler de lui en permanence. Alors, faut-il voir dans Pavarotti un chanteur sans scrupules, coupable d'avoir « merchandisé », monnayé son art, ou bien le génie, le « tenorissimo » qui a mis à la portée du grand public ce qui lui paraissait totalement opaque auparavant ?

---

1. Contre-ut : note plus élevée d'une octave que l'*ut* supérieur du registre normal.

années 1940

LA JEUNESSE

Une enfance italienne heureuse, modeste et douce

Le 12 octobre 1935, Luciano Pavarotti naît à l'hôpital de Modène, une ville prospère située au centre nord de l'Italie, au cœur de la région d'Émilie-Romagne. Il est le fils de Fernando Pavarotti, boulanger chantant, et d'Adele Venturi, ouvrière dans une usine de tabac. La sage-femme qui le met au monde prédit à ses parents que le petit finira un jour à la Scala de Milan. Il grandit au premier étage d'un vaste immeuble situé dans les faubourgs de la ville, où habitent seize familles plus ou moins parentes, non loin de la campagne aux reflets ocre qui s'étend à perte de vue. Par le biais de sa nourrice, il a comme sœur de lait une certaine Mirella Freni, promise elle aussi à un bel avenir. Sa sœur Gabriella naît lorsqu'il a cinq ans. Le foyer est modeste, mais la famille ne manque de rien malgré la guerre qui éclate.

▲ *Luciano Pavarotti avec sa mère, Adele.*
© *Granata/Rue des Archives*

L'enfance de Luciano est rythmée par les airs que chante son père, sans doute sa première et plus grande influence. Artisan boulanger, Fernando s'est taillé une solide réputation de ténor à Modène. Il préfère chanter en privé, lors de banquets, de mariages, d'anniversaires ou de fêtes particulières plutôt que de se lancer dans une véritable carrière de chanteur d'opéra, une carrière de toute manière impossible en ces temps troubles de guerre. Son trac est en outre légendaire dès lors qu'il chante devant un public officiel. Dans le foyer Pavarotti, le tourne-disque fait partie des biens les plus précieux. Le jeune Luciano écoute en boucle les 78 tours d'Enrico Caruso, de Giovanni Martinelli, d'Aureliano Pertile, de Giacomo Lauri-Volpi, de Beniamino Gigli et de Tito Schipa, quand il n'allume pas le poste radio, en quête d'opéras.

À l'âge de six ans, Luciano chante son premier opéra, un passage du *Rigoletto* de Verdi, dans la cour de l'immeuble, accompagnant sa voix fluette du son d'une mandoline. Alors qu'il a définitivement renoncé à sa carrière lyrique, Fernando, plein d'espoir pour son fils,

◄ ▲ *Luciano Pavarotti à six mois, 1935.*
© *Granata/Rue des Archives*

▼ *Luciano Pavarotti enfant avec sa sœur Gabriella, à Modène, 1940.*
© *Granata/Rue des Archives*

▲ *Luciano Pavarotti*
à l'âge de six ans.
© *Granata/Rue des Archives*

12

▲ *Luciano Pavarotti lors*
de sa première commmunion,
1944. © *Granata/Rue des Archives*

ne tarde pas à l'emmener à l'église voisine, San Gemimiano, afin de l'inscrire à la manécanterie locale, la chorale Gioacchino Rossini, dont Fernando est également membre. Sa voix d'alto et son oreille fonctionnent parfaitement, mais il reste en retrait car il n'arrive pas pour le moment à monter dans les aigus. Centre industriel important, Modène est le siège des usines Ferrari et Maserati, et la ville devient la cible idéale des bombardements alliés à partir de 1942. Afin d'échapper aux affres de la guerre et au délitement mussolinien, la famille se retranche à la campagne dans une seule pièce louée à un fermier aux environs de Gargallo. Comme beaucoup d'autres, la famille Pavarotti encaisse ces mois de privation avec plus de douceur en habitant loin de la ville. Luciano s'intéresse aux animaux et aux plantes, une passion récurrente lorsqu'il s'établira lui-même à la campagne bien des années après. De retour en ville un an plus tard, il réintègre la chorale de l'église de son quartier, puis celle de la cathédrale de Modène. Il prend quelques cours de chant informels auprès de la femme du professeur Dondi.

Il progresse peu car il a décidé de devenir fermier.

En 1947, à l'âge de douze ans, il contracte le tétanos et tombe dans le coma durant une dizaine de jours. Dans un état désespéré, il reçoit les derniers sacrements et entend le prêtre lui admi-

▶ *La cathédrale de Modène.*
© *Alinari/Roger-Viollet*

nistrer l'extrême-onction, lorsqu'une voix intérieure lui souffle qu'il est encore trop jeune pour aller au paradis. Il se réveille et commence à se rétablir. Ce premier flirt avec la mort va lui donner une confiance en lui inouïe. Il connaît une forte poussée de croissance durant laquelle sa voix passe d'une octave à une autre. Inconsciemment, il est bercé par les rôles de ténors que son père chante dans l'appartement familial. Il ne sait pas encore qu'il va en faire son métier, ne serait-ce que par respect pour l'héritage paternel. À ce moment de sa vie, Luciano, comme la plupart des adolescents italiens de son âge, est passionné par le ballon rond. Il s'illustre d'abord comme avant-centre, puis se taille une solide réputation de goal, grâce à sa grande taille.

En 1949, Modène accueille Beniamino Gigli, célèbre ténor italien parti avec succès à la conquête de l'Amérique. Gigli fait partie des idoles de Fernando. Luciano se faufile à l'une de ses répétitions, où il absorbe chaque note et la moindre interaction entre l'orchestre et le chanteur. Il finit par demander conseil au maître, qui l'incite à travailler sans relâche, à être patient et à persévérer s'il veut devenir un grand ténor. En 1951, il assiste à la projection

▲ *Au collège du Sacré-Cœur de Modène, 1946.* © *Gamma/Eyedea Presse*

▲ *Le ténor italien Beniamino Gigli (1890-1957), photo dédicacée en 1925.*
© *Rue des Archives/LB*

▲ *Luciano Pavarotti, gardien de but, 1947.*
© *Nusca Antonello/Gamma/Eyedea Presse*

du film hollywoodien *Le Grand Caruso*, avec le chanteur populaire Mario Lanza en vedette. Ce film narre l'ascension fulgurante de Caruso, un ambitieux ténor napolitain parti à la conquête du Nouveau Monde avec pour seul bagage sa voix en or. Il retourne voir le film une dizaine de fois. Comme de nombreux adolescents européens des années 1950, il rêve de succès et de prospérité américaine. En septembre 1953, il rencontre à l'École normale de Modène Adua Veroni, son premier grand amour. Elle étudie comme lui afin de devenir institutrice. Un jour, il l'entend chanter un air de *Rigoletto* et se moque gentiment

d'elle. « Je n'avais que dix-sept ans et je chantais tellement faux. Il m'a prise sous sa protection », dira-t-elle plus tard. Ils se fréquentent durant plusieurs mois avant de se fiancer, tout en poursuivant leurs études.

En 1954, il hésite entre plusieurs métiers dont celui de joueur de football professionnel. Sa mère Adele le convainc de rentrer à l'Institut de formation des maîtres. Diplôme en poche, il exerce comme professeur d'école élémentaire durant deux ans, avant que sa passion musicale ne prenne le dessus, au grand dam de ses parents. Ceux-ci acceptent toutefois de l'aider financièrement

15

▲ *Luciano Pavarotti (au fond, à droite), 1950.* © *Gamma/Eyedea Presse*

©Rue des Archives/RDA

16

ment à prendre des cours de chant qu'à l'âge de dix-neuf ans. Cette entrée tardive dans le monde du solfège laissera quelques carences, à commencer par la lecture des partitions, parfois lacunaire. À Modène, il étudie auprès du ténor professionnel Arrigo Pola qui lui inculque une bonne partie de son savoir, de manière tout à fait gracieuse eu égard à la relative pauvreté de la famille Pavarotti. Le professeur ne s'est pas trompé lorsqu'il l'a entendu chanter pour la première fois en compagnie de Fernando, venu lui présenter son fils selon la tradition en vigueur dans les familles italiennes : « Moi qui ne suis qu'un être humain, j'y arrive, alors toi qui es un véritable animal, tu dois réussir ! » s'exclame-t-il. Le jeune Pavarotti est un élève assidu. Quatre heures par jour et parfois même le dimanche, il rend visite au maître. Il apprend à maîtriser son souffle, à adoucir sa voix, à respirer et à travailler sans relâche son élocution, en particulier celle des voyelles. Pola lui fait comprendre que celle-ci est parfaite et que là réside l'un de ses atouts majeurs. Ce n'est pourtant qu'au terme d'une année que Pavarotti peut enfin

jusqu'à ses trente ans afin qu'il puisse tenter sa chance dans le monde de l'opéra. Son père revit secrètement ses propres ambitions de devenir chanteur ténor professionnel, et il ne ménage pas ses encouragements à l'égard de Luciano, tout en lui inculquant les vertus d'un travail dur et régulier.

La confiance en lui et le respect de ses choix par ses parents le confortent dans sa décision de chanter coûte que coûte. Mais Luciano ne commence sérieuse-

▲ *Luciano Pavarotti et sa sœur, Gabriella, 1951.* © *Granata/Rue des Archives*

commencer à chanter des bribes d'opéra, après qu'il a parfaitement maîtrisé les deux octaves naturelles de sa voix.

Dans son autobiographie, Pavarotti évoque ses années d'apprentissage, en reconnaissant : « C'était aride. Mais je ne me suis jamais ennuyé durant ces séances de vocalises. Au contraire, j'étais fasciné, la phrase de Gigli me restait en tête. Il faut travailler encore et encore, ne jamais cesser d'étudier. » Il peaufine son art vocal avec une passion non feinte. Durant plusieurs années, entre deux

cours, il subvient à ses besoins et à ceux d'Adua en tant qu'instituteur. Une fois la classe finie, quand il ne se rend pas à ses leçons de chant, il vend des assurances, où il opère de manière redoutable, avec un charme et un charisme naturels. Dans cette Italie du milieu des années 1950 en plein essor, il gagne très bien sa vie pour un jeune homme issu d'un milieu modeste. Ses talents d'orateur en tant qu'agent d'assurance lui font pourtant travailler sa voix plus qu'il ne faut : il doit bientôt choisir entre les deux pro-

▲ *Luciano Pavarotti (debout à droite, avec des lunettes) au lycée Padri Giuseppini, 1951.*

fessions. Pola lui demande de penser à sa carrière sur le long terme plutôt qu'à l'aspect lucratif d'une vie professionnelle dans les assurances.

Pola accepte un poste au Japon. Avant son départ, il conseille à son disciple de se tourner vers Ettore Campogalliani, ancien chanteur ténor devenu professeur à Mantoue. Celui-ci est également le professeur de chant de la sœur de lait et amie d'enfance de Luciano, Mirella Freni, décidée à devenir elle aussi cantatrice de premier ordre, eu égard notamment à un atavisme lyrique dans sa famille. Le jeune Pavarotti doit encore apprendre à maîtriser les notes aiguës et graves. Il se rend deux fois par semaine à Mantoue, afin de suivre l'enseignement de Campogalliani. Celui-ci comprend parfaitement la manière dont les voix de ténor italiennes maîtrisent naturellement le *passagio*, un terme qui désigne l'octave supérieure, où le ténor doit s'accorder au son de sa voix. C'est seulement ainsi que sa résonance naturelle peut se réfléchir sans effort et sans faire appel au support du souffle qui

18

Luciano est décidé à devenir une vedette coûte que coûte.

maintient le vibrato lyrique. La manière dont Pavarotti va faire sienne cette technique est l'un des secrets de la longévité de sa voix. Il décide alors de se lancer coûte que coûte dans l'art lyrique. Freni et lui se jurent de réussir dans le monde de l'opéra. Ils échafaudent leurs plans de réussite dans le train qui les mène à Mantoue, où ils partent étudier. Leurs succès respectifs seront à la hauteur de leurs espérances.

Au sein de la chorale Gioacchino Rossini, sous la direction de Livio Borris, il remporte plusieurs compétitions internationales dont celle d'Eisteddfod, à Llangollen, au nord du Pays de Galles, en 1955. Conforté par ces succès, il veut devenir chanteur professionnel, considérant ce premier prix comme l'expérience « la plus importante » de sa carrière. Il décide pourtant d'arrêter de chanter lorsqu'il apprend que des nodules se développent sur ses cordes vocales. Cela assombrit sa voix et la rend plus grave, en conséquence de quoi il donnera un récital particulièrement désastreux à Ferrare. Il prépare

même un concert d'adieu à Modène ! Véritables manifestations psychosomatiques, ces nodules vont disparaître aussi soudainement qu'ils sont apparus, après un tour de chant particulièrement réussi dans l'enceinte du Petit Théâtre de Salsomaggiore. Luciano interprète ce retour en grâce vocale comme un signe du destin, mais aussi comme le fruit de sept années de dur labeur vocal en compagnie de ses deux professeurs. Comme il le relate dans son autobiographie : « Tout ce que j'avais appris jusqu'ici s'est mis en place avec ma voix naturelle afin d'obtenir le son que je souhaitais atteindre depuis toujours. » Le fait de vaincre à la fois une adversité physique et naturelle, les résistances d'un public loin d'être acquis à sa cause et sa propre peur marque un tournant réel dans sa carrière.

Jusqu'à l'avènement de Bellini et de Donizetti, très prisé par Pavarotti, à la fin du XIXᵉ siècle et au début du XXᵉ siècle, le ténor lyrique n'était pas très populaire. Les castrats dominaient le monde de l'opéra masculin en chantant avec des voix de soprano des rôles historiques comme ceux de Jules César ou d'Alexandre le Grand. Du temps de Verdi, les ténors n'étaient pas encore totalement reconnus. Au cours de la première moitié du XXᵉ siècle, le succès de Caruso, de Martinelli, de Lauri-Volpi, de Schipa ou de Gigli change la donne. Confiant dans l'idée de réussir en tant que ténor, talentueux et ambitieux, Pavarotti cherche désormais un challenge à la hauteur de ses capacités. Pour cela, il se rôde en chantant divers opéras dans les villes de sa région natale, sans aucune

▲ *Luciano Pavarotti avec la chorale Rossini, 1955.* © Granata/Rue des Archives

▲ *Enrico Caruso dans* Rigoletto, *Metropolitan Opera de New York, 1903.* © *Rue des Archives/The Granger Collection NYC*

19

forme de compensation financière, même si sa voix commence à être remarquée dans la région d'Émilie-Romagne. Il joue notamment dans une petite salle de Reggio nell'Emilia, ville berceau du bel canto située à une cinquantaine de kilomètres de Modène où, loin de l'oreille de ses proches, il se permet de nombreuses audaces. Il est une fois de plus remarqué et encouragé par le ténor légendaire Ferruccio Tagliavini lorsqu'il interprète l'aria bouleversante « Parmi veder le lagrime », extrait de *Rigoletto*, l'un des passages les plus difficiles à chanter pour un ténor, symbole de tous les affres du romantisme amoureux. Il se tire avec tous les honneurs de ce morceau de bravoure.

Comme il le confiera des années plus tard à Ève Ruggieri : « Mieux qu'à n'importe quel autre moment de ma carrière, j'ai compris l'importance de garder une totale maîtrise sur soi et sur ses nerfs. Ce genre d'émotions inattendues, qu'elles soient joie ou tristesse, peut briser votre technique. J'ai compris qu'il fallait utiliser toutes ces émotions, toutes ces énergies, les endiguer, pour mieux chanter. C'est une leçon qui s'apprend sur le tas mais qui est aussi importante que la technique du souffle ou celle de l'articulation. »

années 1960

LES DÉBUTS

2

La naissance d'un ténor vedette

Fort de ce premier succès hors des murs de Modène, Pavarotti se sent enfin prêt à se mesurer à ses collègues aspirants chanteurs. Il s'inscrit au mois de janvier au concours de chant Achille Peri. Le premier prix, le droit d'interpréter Rodolfo dans **La Bohème** *de Puccini, son rôle rêvé, motive son inscription. Il remporte « haut la voix » ce concours. Le 29 avril 1961, dirigé par Francesco Molinari Caprelli, il incarne Rodolfo sur la scène du Teatro Municipale de Reggio nell'Emilia, où il est accompagné pour la première fois par un véritable orchestre.*

Pavarotti a répété le rôle de Rodolfo durant plusieurs semaines auprès de la soprano retraitée Mafalda Favero. Cette première interprétation est un succès.

Son père, Fernando, et ses amis de Modène viennent le féliciter dans la petite loge du théâtre municipal. Tout comme le célèbre imprésario milanais Alessandro Ziliani, ancien chanteur ténor à la recherche de nouveaux talents, qui lui laisse sa carte et lui demande de le contacter lorsqu'il se sentira prêt. La presse locale est dithyrambique le lendemain matin. Selon le quotidien local, « le jeune ténor Luciano Pavarotti a chanté avec un inestimable bon goût, une musicalité vivifiante et une voix à la fois pénétrante et merveilleusement souple ».

Rassuré, Luciano adopte pour la vie le rôle fétiche de Rodolfo, poète sans le sou qui vit dans une mansarde parisienne et qui, un soir de Noël, tombe amoureux de sa voisine de palier, une couturière prénommée Mimi. Idéaliste et candide, Rodolfo veut croire au conte de fées et au bonheur à portée de main, mais il se rétracte face à la dureté du quotidien. D'une certaine manière, ce rôle de jeune poète est une métaphore idéale des débuts de la carrière de Pavarotti, qui ne tombe pas amoureux de Mimi, mais de l'art lyrique dans toute sa splendeur.

Par amour de ce rôle ou par superstition, Luciano essaiera, dans la mesure du possible, de jouer Rodolfo dans chaque salle nouvelle où il débute. « Pour moi, déclarera-t-il à *L'Express* en 2001, Rodolfo incarne l'insouciance et la jeunesse, le pétillement et la tragédie : il faut suffisamment y mettre de passion. Cela a été mon premier rôle.

© *Mary Evans/Rue des Archives*

▸ *Luciano Pavarotti dans* Rigoletto, *1960.*
© *Granata/Rue des Archives*

Il est facile vocalement, il a été composé d'une main légère. Facile, à condition de posséder un contre-ut à toute épreuve. » Ce contre-ut, un *do* plus aigu d'une octave que le *do* le plus aigu du registre habituel, désigne rien de moins que la note la plus difficile à atteindre pour un chanteur d'opéra !

Luciano se marie enfin avec Adua le 30 septembre 1961. Deux semaines auparavant, il remonte sur scène à Lucques, la ville natale de Puccini, où il interprète Rodolfo pour la deuxième fois.

Il est félicité dans les loges par Tito Schipa, une de ses idoles de jeunesse. Le vieux ténor lui conseille de continuer à chanter sans se soucier des persiflages qu'inspire déjà son talent brut, de « n'imiter personne » et de travailler aussi dur que possible. Selon le maître, il n'a plus qu'à polir et à renforcer une voix naturellement riche.

Progressivement, par l'entregent de l'imprésario Ziliani, Pavarotti monte sur les planches des théâtres de petites villes du Nord de l'Italie. Toujours par son

▲ *En compagnie de sa mère et de son père, le jour de son mariage.* © *Granata/Rue des Archives*

▶ *Mariage de Luciano Pavarotti avec Adua, à Modène, le 30 septembre 1961.*
© *Granata/Rue des Archives*

▲ *Tullio Serafin (1878-1968).*
© *Rue des Archives/Lebrecht*

28

intermédiaire, il rencontre le grand chef d'orchestre Tullio Serafin, spécialiste de l'œuvre de Verdi, qui le dirige dans *Rigoletto* au Théâtre Massimo de Palerme devant deux mille cinq cents personnes, le 6 février 1962. Pavarotti est ovationné par le public durant quinze minutes ! De régional, son succès devient national. Serafin en personne, qui a dirigé les plus grands, en particulier Caruso, l'idole absolue de la famille Pavarotti, ne tarit pas d'éloges. Tout comme le public, qui a conscience d'assister à l'éclosion d'une vedette comme il en arrive peu chaque siècle. Le petit monde de l'art lyrique et celui des critiques commencent à bruisser en parlant de lui. Pavarotti doit apprendre

à gérer sa nouvelle célébrité : c'est la clé d'un succès qui dépasse les frontières transalpines. Et Ziliani a parfaitement intégré cet élément dans sa stratégie.

Le 18 janvier 1963, Luciano Pavarotti effectue ses débuts internationaux à Amsterdam en interprétant Edgardo dans l'opéra *Lucia di Lammermoor*, de Donizetti, suivi par des représentations à Belgrade et Belfast. Le 23 février, il chante pour la première fois au Théâtre national de Vienne, en Autriche, un haut lieu de l'opéra. Il y retourne en mars et en avril, incarnant toujours le rôle de Rodolfo, ainsi que celui du duc de Mantoue dans *Rigoletto*. Dans une certaine mesure, le rôle de séducteur du duc de Mantoue, amoureux de toutes les femmes, est l'un de ceux qui lui sied le mieux et avec lequel il se sent parfaitement en prise. Il joue également le rôle du duc de Mantoue au Gaiety Theatre de Dublin pour une représentation organisée par le Dublin Grand Opera Society. Dans la salle, Joan Ingpen, la directrice de casting du prestigieux Royal Opera House londonien, est conquise par la clarté de son timbre, sa technique déjà infaillible et son charisme un peu

▲ *Théâtre national de Vienne, Autriche.* © *José F. Poblete/Corbis*

maladroit mais plein de promesses. À l'automne, elle l'ajoute comme doublure du légendaire ténor Giuseppe Di Stefano dans le rôle de Rodolfo, avec la promesse de le faire monter sur scène lors de la dernière représentation. Instable, aphone et vieillissant, Di Stefano se retire dès la première, ce qui vaut à Pavarotti de reprendre le rôle sur-le-champ, ce 21 septembre 1963, ainsi que pour toutes les représentations à venir. Comme en Italie, le public londonien est subjugué par la fraîcheur de son talent, par sa diction parfaite, sa souplesse de ton, ses notes aiguës et sa voix sensuelle de ténor, dans la droite ligne de la tradition du bel canto, ce qui laisse déjà présager tous les sommets à venir. Son look de jeune poète latin, une écharpe blanche autour du cou, fait sensation et est en parfaite harmonie avec le rôle de Rodolfo, jeune premier amoureux. La critique est elle aussi sous le charme. Après l'avoir écouté sur les ondes courtes de la BBC depuis Modène, son père lui télégraphie sa joie, mais laisse entendre qu'il doit encore beaucoup travailler s'il veut se montrer à la hauteur de ses prestigieux

aînés tel Giacomo Lauri-Volpi. En dépit des réserves paternelles, Luciano Pavarotti sait qu'en conquérant ainsi Londres il entrouvre les portes d'un succès plus conséquent dans le monde anglo-saxon, avec comme ligne de mire l'Amérique, tant prisée par les Italiens – pas seulement les chanteurs d'opéra.

Rebaptisé « Lucky Pavarotti » par le public londonien, il sent que sa chance n'est pas près de tourner désormais. À l'automne 1963, on lui propose de participer au *Sunday Night at the Palladium,*

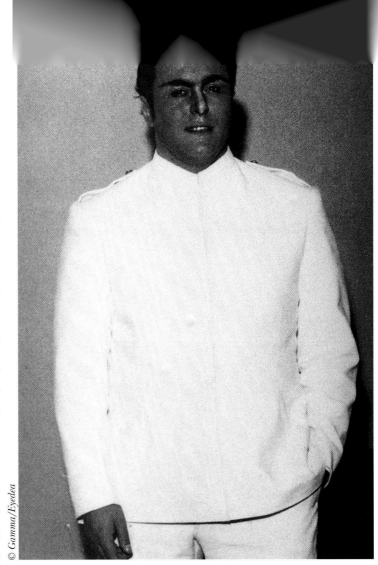

29

l'une des émissions phares de la BBC. Intimidé, il manque de refuser. Il sait pourtant qu'il s'agit d'un moyen extraordinaire pour lui de toucher un public beaucoup plus large que les quelques milliers de spectateurs d'un opéra. Média instantané, la télévision est encore jugée avec défiance dans le milieu de l'art lyrique, ancré dans le passé et plutôt rétif aux nouveaux moyens de communication.

Pavarotti a conscience qu'en acceptant il risque de propulser sa carrière dans une autre sphère, passant du public des mélomanes avertis à celui beaucoup plus vaste des philistins. Il interprète avec un naturel jovial une aria de *La Bohème,* mais il chante aussi quelques airs populaires napolitains. Il n'en faut pas plus pour séduire le grand public, ravi qu'un interprète puisse à la fois mélanger le sérieux et le badin. Il ressent immédiatement cette consécration télévisée en arpentant les rues de Londres, où il est vite reconnu par Monsieur Tout-le-monde. Pavarotti décide alors que sa carrière passera dorénavant par la télévision. Soucieux de sortir d'un carcan souvent trop rigide, il contribue

largement à lancer une mode durable dans le monde de la musique classique. Au cours de l'été 1964, Luciano Pavarotti est invité au prestigieux Festival lyrique de Glyndebourne, en Grande-Bretagne, un véritable cénacle de l'art lyrique depuis 1934. Au cœur de la campagne anglaise, dans cette institution du monde de l'opéra, il doit montrer toutes les facettes de son talent, devant un public de spécialistes exigeant issu des meilleures familles anglaises. Même si l'opéra italien a droit de cité à Glyndebourne, on y joue volontiers du Mozart, dont le registre dramatique et vocal est assez éloigné des opéras comiques italiens que Pavarotti maîtrise à la perfection. Il joue ainsi le rôle d'Idamante, le prince héritier contrit d'*Idoménée,* l'un des plus célèbres opéras de Mozart. La règle immuable des lieux est de chanter dans la langue d'origine de l'opéra, ce qui est d'autant plus difficile que Mozart avait écrit ce rôle pour un castrat !

Pavarotti ne se démonte pas, il n'écoute que son talent et il ne cherche à imiter personne. Durant douze représentations, il donne la réplique au ténor britannique Richard Lewis, qui joue le rôle

▼ *Vue de l'auditorium d'origine de l'Opéra de Glyndebourne, en Angleterre, construit du temps de John Christie.* © *Rue des Archives/Lebrecht.*

d'Idoménée, le roi de Crète, avec une prestance et un talent qui le subjuguent. Il reste attentif à la moindre de ses intonations, au moindre détail, qu'il assimile totalement. Il reconnaîtra avoir appris à « chanter du piano » au cours de ce festival. Luciano saisit parfaitement que bien jouer la comédie, surtout face à un public averti comme celui de Glyndebourne, s'avère aussi nécessaire que le fait de bien chanter. Il se servira de ses observations vingt ans plus tard lorsqu'il incarnera à son tour le roi de Crète sur la scène du Met de New York, avec un sens du tragique, des émotions dépouillées et un talent éclatant. John Christie, le maître de cérémonie de Glyndebourne, est époustouflé et déclare : « C'est une nature ! », une expression devenue célèbre depuis pour illustrer la démesure géniale de Pavarotti.

« C'est une nature ! »

Celui-ci ne lit pourtant guère les partitions, se contentant à ses débuts d'apprendre ses rôles à l'oreille. Il se constitue progressivement un répertoire sur mesure, qui sied à merveille à sa voix. Cela lui permettra d'ailleurs de

32

ménager son organe vocal au cours de sa carrière. Il connaît par cœur chaque note et sort difficilement des sentiers battus, interprétant essentiellement des opéras bel cantistes de Bellini et de Donizetti, les opéras les plus légers de Verdi comme *Un bal masqué*, le Rodolfo de *La Bohème* de Puccini, et Nemorino dans *L'Élixir d'amour* de Donizetti. Nemorino est un personnage plutôt candide, tourmenté par sa bien-aimée, Célimène, qui est plus attirée par le sergent Belcore que par ce villageois sans attribut et sans uniforme. Ce rôle d'amour impossible, à la fois désespéré et terriblement romantique, lui colle parfaitement à la peau, tout comme ceux de Rodolfo et du duc de Mantoue. Au fur et à mesure de sa carrière, Pavarotti adopte des rôles plus dramatiques et plus matures. Pourtant, il ne se hasardera à interpréter Otello qu'en 1991, après y avoir été encouragé par Placido Domingo, le maître du genre. Il chante souvent des passages de *Turandot*, l'ultime opéra de Puccini, ainsi que *La Gioconda* d'Almicare Ponchielli, *Le Trouvère* et *Aïda*, de Verdi. Il demeure toutefois toujours sensible à ses premiers rôles, ce qui lui donne une flexibilité vocale rare. Un peu partout en Europe, ses apparitions commencent à lui valoir une reconnaissance croissante, sans pour autant atteindre encore la consécration de la suite de sa carrière.

Pour sa première américaine, il interprète une nouvelle fois le rôle d'Edgardo dans *Lucia di Lammermoor* de Donizetti, après que le ténor pressenti, Renato Cioni, est parti chanter *Tosca* avec la Callas à Paris. Ce rôle devient l'un de ses rôles fétiches, auquel il s'identifie corps et âme. Il a été recruté par la célèbre soprano australienne Joan Sutherland, elle-même conseillée par Joan Ingpen. À ce stade de sa carrière, Joan Sutherland est aussi célèbre que la Callas, son aînée de trois ans. Le physique imposant de Pavarotti et son mètre quatre-vingt-dix ont certainement pesé dans sa décision. À l'issue d'une de leurs premières répétitions, elle s'exclame : « Enfin un qui peut me prendre dans ses bras ! » Ensemble, ils chantent au Miami-Dade County Auditorium au mois de février 1965, sous la direction de Richard Bonynge, le mari de Joan Sutherland, qui est pianiste et chef d'orchestre.

▲ *Maria Callas et Renato Cioni dans* Tosca *de Giacomo Puccini, Opéra de Paris, février 1965.* © Studio Lipnitzki/Roger-Viollet

Pavarotti devient le contrepoint vocal parfait de Sutherland, leur voix et leur physique se complètent à merveille, donnant lieu à une alchimie on ne peut plus naturelle. Son interprétation à Miami lui vaut d'être engagé au sein de la Sutherland Williamson International Grand Opera Company, la compagnie dirigée par Bonynge, qui est ravi d'avoir trouvé le ténor idéal pour chanter avec sa femme. Le 28 avril 1965, Pavarotti incarne une nouvelle fois Rodolfo à la légendaire Scala de Milan. Il est accompagné de son amie d'enfance Mirella Freni dans le rôle de Mimi. Tous deux sont dirigés par l'exigeant Herbert Von Karajan, qui souhaitait la présence de Pavarotti, après l'avoir repéré à l'Opéra national de Vienne. Ils collaboreront ensemble à plusieurs reprises, scellant une belle amitié. Pavarotti aura ainsi coutume de dire : « Karajan dans le travail était un être merveilleux. Il aidait beaucoup les artistes, avec lui la musique paraissait facile. Il la créait sur l'instant. » La représentation de la Scala est un triomphe. Le nom de Pavarotti est définitivement sur toutes les lèvres des amateurs d'opéra.

De juin à août 1965, il rejoint Joan Sutherland, avec laquelle il part en Australie. Cette tournée épique cimente sa réputation de bourreau de travail. Ils donnent ensemble pas moins de quarante représentations à travers tout le pays : *Lucia di Lammermoor* et *L'Élixir d'amour*, de Donizetti, la *Traviata*, de Verdi, et *La Sommanbule*, de Bellini, un nouveau rôle qu'il a hâte d'apprendre. Venue rejoindre son mari, Adua prend la mesure de son succès. La tournée de la Sutherland Williamson International

▲ *Herbert Von Karajan, 1965.*
© *Rue des Archives/Farabola/AGIP*

Grand Opera Company est un triomphe : épuisante, mais riche en enseignements. Confronté à un public moins exigeant que le public européen, Pavarotti peut se laisser aller à quelques libertés et donner libre cours à la théâtralité d'une personnalité de plus en plus affirmée.

Au contact de Joan Sutherland, il apprend de nouvelles techniques de chant, notamment comment maîtriser sa respiration et contrôler son diaphragme, des enseignements dont il lui saura gré pour le reste de sa carrière. Le fait de l'observer et de la voir travailler au quotidien durant plusieurs semaines va avoir une importance considérable pour la suite. Comme il l'a toujours reconnu : « Très tôt, j'ai eu la chance d'avoir un grand modèle en la personne de Joan Sutherland. Elle m'a beaucoup aidé pour apprendre à contrôler mon souffle et mon phrasé. »

Joan Sutherland et Richard Bonynge l'encouragent à s'essayer à différents rôles, certains parmi les plus exigeants du bel canto. Il commence à connaître parfaitement sa voix et sait si elle est mûre ou non pour tel ou tel opéra. Outre Edgardo, il interprète ainsi Arturo dans *Les Puritains* ou Elvino dans *La Somnanbule* de Bellini. De retour à la Scala après son engagement australien, il étoffe son répertoire, ajoutant notamment le rôle de Tebaldo dans l'opéra *Les Capulets et les Montaigu,* une relecture de *Roméo et Juliette* signée Bellini, où le grand ténor catalan Giacomo Aragall interprète le rôle de Roméo. Dirigée par Claudio Abbado, la première a lieu le 26 mars 1966. Cette même année, il chante également *Rigoletto* à la Scala. Son interprétation consolide une réputation grandissante. Pourtant, il décide de ne plus jouer ce rôle, trop sombre à son goût. Il a besoin d'incarner des ténors généreux et pleins de vie, en harmonie avec sa propre personnalité, de plus en plus joviale et épanouie grâce à son succès.

Le 2 juin, il retourne chanter au Royal Opera House de Covent Garden. Sur scène, il interprète Tonio dans *La Fille du régiment* de Donizetti, avec Joan Sutherland. Gourmand et patient, il attend son heure, avant de se lancer dans les neuf contre-ut de la première aria : « Ah ! Mes amis quel jour de fête ! » Entrée dans la légende, cette

▲ *La Scala de Milan.*
© *Rue des Archives/Lebrecht*

performance lui vaut une ovation sans précédents. Il chante d'une voix pleine, sans aucun effet de *falsetto* ou de légèreté. La richesse de son vibrato naturel fait toute la différence. C'est ainsi qu'il atteint les contre-ut sans le moindre souci, avec une aisance rare et un chant d'un seul tenant. Cette représentation propulse sa carrière et lui vaut le surnom de « roi des contre-ut ». Évoquant cette journée décisive, il raconte avec amusement : « Lorsque j'ai attaqué les contre-ut, les musiciens, au lieu de continuer à m'accompagner, ont lâché leurs instruments pour m'applaudir. Ils m'ont tellement bien applaudi que j'ai décidé de continuer. Beaucoup de gens attendent ces contre-ut comme on attendrait au cirque le triple saut périlleux, sans filet pour le trapéziste. » Au mois de janvier 1967, il est invité à chanter le *Requiem* de Verdi, dirigé par

◀ *Joan Sutherland et Luciano Pavarotti dans* La Fille du régiment, *Royal Opera House, 1966.* © *Hulton-Deutsch Collection/Corbis*

Herbert Von Karajan à la Scala de Milan lors d'un hommage à Toscanini, disparu dix ans plus tôt. Comme pour Di Stefano il y a quatre ans, Pavarotti remplace au pied levé le ténor Carlo Bergonzi. Il retrouve ainsi sur les planches milanaises le baryton bulgare Nicolai Ghiaurov et la soprano noire américaine Leontyne Price, avec laquelle il partage beaucoup d'affinités. Le spectacle est remarquablement filmé par Henri Georges Clouzot, en accord étroit avec le chef d'orchestre Karajan. Il culmine avec un « Libera me » final exceptionnel, où l'on mesure toute la portée de sa voix associée à celle de Pryce.

Au cours de l'année, le label Decca lui propose d'enregistrer son premier disque officiel. Il avait déjà gravé quelques arias de *Tosca*, de *La Bohème* et de *Rigoletto* en 1964 pour cette marque, sans le moindre retentissement. Pour sa nouvelle session d'enregistrement, il chante quelques arias de *Beatrice de Tende*, un opéra de Bellini. Il choisit délibérément d'interpréter des airs faciles et des mélodies ensoleillées, afin, là encore, de ne pas plaire qu'aux seuls spécialistes de l'art lyrique et de vendre des disques au public qui peut le voir à la télévision ou l'entendre sur les ondes.

Lors d'un passage à New York, où il est appelé pour être la doublure de Carlo Bergonzi, il réalise une série de photos promotionnelles avec le photographe de mode Francesco Scavullo. Suivant les conseils de Terry McEwen, le représentant américain de sa maison de disques, il rencontre Herbert Breslin, qui, désormais, s'occupera de sa publicité et sera son manager officiel. Les enregistrements vinyle s'avèrent nécessaires, surtout lorsqu'il s'agit de se faire une place sur le vaste et difficile marché américain où s'effectuent soixante pour cent des ventes de disques de musique classique dans le monde. Cette percée en Amérique est la première étape d'une reconnaissance universelle.

années 1970
L'EXPLOSION

3

Une vedette américaine

*Après Miami, Luciano triomphe au Golden State Opera de San Francisco, en jouant une nouvelle fois son rôle fétiche de Rodolfo dans **La Bohème**, en compagnie de Mirella Freni, elle aussi fidèle à son rôle de Mimi. Ce nouveau succès lui vaut d'être invité un peu partout aux États-Unis et surtout au Metropolitan Opera de New York, le plus fameux opéra du Nouveau Monde. Depuis 1883, c'est là que se font et se défont les carrières internationales. Durant plusieurs mois, il répète et essaye de limiter ses apparitions en Italie, afin de se réserver pour sa grande première new-yorkaise.*

Au mois de septembre 1968, Pavarotti rejoue au Golden State Opera, où il contracte la grippe chinoise. Il repart à New York, décidé à s'imposer et à vaincre une maladie angoissante pour tout chanteur d'opéra. La première est repoussée d'une semaine grâce à la compréhension du directeur des lieux, Rudolf Bing. Sa sœur de lait, Mirella Freni, essaye de le soigner comme elle peut en lui mijotant des plats italiens, alors que sa famille est restée à Modène, priant pour qu'il se rétablisse.

Le 23 novembre 1968, très malade et fiévreux, mais réconforté discrètement par Mirella, il réussit à la fois à vaincre son trac de jouer face à trois mille huit cents personnes qui ne l'ont encore jamais entendu auparavant et à dominer sa maladie, incarnant une nouvelle fois le rôle de Rodolfo. Puisant dans des ressources insoupçonnées, il va au bout de ses forces. Il aura dorénavant toujours à l'esprit cette expérience dans les moments clés de sa carrière.

Le public new-yorkais est séduit par la

▲ *Le Metropolitan Opera (Met), à New York, 1967.* © *Bettmann/Corbis*

fraîcheur et l'aspect romantique du jeune ténor italien, qui porte encore beau avec une silhouette élancée et un embonpoint presque contrôlé. Le prestigieux *New York Times* titre le lendemain : « Monsieur Pavarotti a complètement conquis son auditoire. C'est un triomphe. » Grâce à une volonté de fer, Luciano semble avoir réussi à s'ouvrir les portes de l'Amérique. Pourtant, lors de la seconde représentation, pris de vertige dès le premier acte, il doit quitter la scène. Incapable de se remettre

sur pied, il rentre à Modène plus tôt que prévu. Il lui faudra un mois pour guérir de cette grippe qui a stoppé net son premier et véritable triomphe américain.

Le 20 novembre 1969, il fait un tabac à Rome en jouant dans *La Première Croisade des lombards* de Verdi, avec la soprano Renata Scotto, une des grandes rivales de Maria Callas, qui deviendra aussi l'une de ses rivales féminines. Enregistré et commercialisé en catimini, cet opéra est très prisé. Dans la foulée sont publiés des extraits de *Les Capulets et les Montaigu*, des arias de Verdi tirées entre autres de *Don Sebastiano*, un récital Donizetti incluant « Una furtiva lagrima », aria de *L'Élixir d'amour* interprétée avec Joan Sutherland. En 1971, il enregistre avec elle « La donna et mobile », une de ses interprétations les plus connues de cette aria du *Rigoletto* de Verdi, sous la direction de Richard Bonynge.

Pavarotti devient finalement la coqueluche du public new-yorkais. Il joue ainsi au Metropolitan Opera de New York les opéras *Le Trouvère*, *La Favorite* et *Ernani*. Pas rancunier, le directeur des lieux Rudolf Bing l'invite également à chanter *Lucia di Lammermoor* et *La*

▲ *Gaetano Donizetti.*
© Mary Evans/Rue des Archives

41

▲ *Renata Scotto.* © Rue des Archives/Ital

Traviata lors de ses adieux à la direction du Met en 1971. Le public commence à se familiariser avec le nom de Pavarotti, son sourire, son physique et surtout une voix hors du commun. Le 17 février 1972, il chante avec Joan Sutherland *La Fille du régiment*, un opéra qui les avait consacrés à Londres six ans auparavant. À ce stade de sa carrière, Joan Sutherland prétend toujours être la tête d'affiche. Pourtant, sur la scène new-yorkaise, Pavarotti la dépasse amplement et se maintiendra dorénavant à ce niveau lorsqu'ils joueront ensemble. Le public exigeant du Met, pourtant rompu aux belles voix, est époustouflé. Durant plusieurs années, Pavarotti a répété inlassablement le rôle de Tonio dans cet opéra, espérant secrètement s'en servir un jour comme d'un tremplin pour sa carrière. Ce rôle de paysan qui tombe amoureux d'une jolie fille et finit contre toute attente par la séduire s'inscrit dans la tradition de l'opéra comique italien, une tradition dont Pavarotti est friand et qui rejoint ici ses racines terriennes. Lors de cette grande première new-yorkaise, sa femme et ses trois filles l'ont accompagné. Le trac est palpable, mais Pavarotti ne laisse rien au hasard. La présence de Richard Bonynge, devenu un ami proche, au pupitre de chef d'orchestre, lui donne une confiance légitime en son chant. En dépit de son accoutrement et de son rôle ridicule, il chante comme un dieu. Son triomphe est sidérant, notamment lorsqu'il se lance sans coup férir dans une série de neuf contre-ut lors de l'aria « Pour mon âme, quel destin ». Enchaînant ses effets vocaux avec un naturel incroyable sans altérer en rien la tonalité de sa voix, il respecte à la lettre les consignes écrites par Donizetti en 1840. Sa performance déclenche une hystérie d'ovations et de hurlements, avec pas moins de dix-sept rappels, un record ! « Si vous chantez magnifiquement tout un opéra et que vous ne manquez que la note aiguë, confessera-t-il au *Figaro Magazine* en 1988, le public ne vous le pardonnera pas. A contrario, vous pouvez vous permettre de tout massacrer si vous réussissez le contre-ut attendu. Nous avons tous

Il chante comme un dieu.

42

▸ Rigoletto, *opéra de Giuseppe Verdi.*
Luciano Pavarotti dans le rôle du duc de
Mantoue, 1972. © *Ullstein Bild/Roger-Viollet*

43

trois voix, l'une dans le grave, l'autre dans l'aigu et la dernière dans le médium. La difficulté réside dans le fait de parvenir le plus aisément possible de l'une aux autres. » Cet exploit est suffisamment notable pour qu'enfin tout le monde parle de lui. Relayées par un bouche à oreille incroyable et une presse dithyrambique, toutes ses performances new-yorkaises remportent un succès éclatant.

Cette prouesse décisive lui vaut de multiples apparitions télévisées et de nombreux contrats d'enregistrements. *La Fille du régiment* est abondamment diffusée dans le monde entier, une réussite imputable aux talents de Herbert Breslin, son imprésario, qui vient de mettre un terme à son contrat avec Placido Domingo pour s'occuper exclusivement de Pavarotti, promis à un avenir plus important selon lui. Il gère sa carrière comme celle d'une vedette du rock ou d'une star du cinéma. Soudain, Pavarotti est sur tous les fronts médiatiques : on l'invite sur des plateaux de journaux télévisés, de talk-shows, ses concerts sont retransmis un peu partout dans le monde. La maison de disques Decca, un

label auquel il restera fidèle toute sa carrière, profite de cette médiatisation sans précédent pour relayer la moindre de ses interprétations. Il comprend rapidement que publier un disque est aussi important que monter sur scène, même si les recettes à court terme sont moindres. *L'Ami Fritz*, une comédie lyrique signée Mascagni, est l'un de ses premiers opéras commercialisés, par le biais d'EMI, illustrant une voix déjà riche et pleine de promesses.

Lors de son premier opéra intégral pour Decca, il interprète le rôle d'Orombello dans *Beatrice de Tende*, selon les conseils toujours avisés de Joan Sutherland, dont il est resté proche. De *L'Élixir d'amour* à *Turandot*, il a enregistré pas moins de treize opéras officiels avec elle. Mais il n'est jamais aussi talentueux que face à son amie d'enfance Mirella Freni, avec laquelle il a gravé sept opéras dont *La Bohème*, sous la direction prestigieuse et experte de Herbert Von Karajan, une performance qui demeure l'une des pièces maîtresse de l'art lyrique du XXe siècle.

À la fin de l'année 1972, il chante avec Joan Sutherland *Turandot*, l'ultime

opéra en trois actes de Puccini. Rejoint par la cantatrice catalane Montserrat Caballé, le trio triomphe au London Opera, accompagné par le London Symphonic Orchestra, sous la direction de Zubin Mehta. Enregistré, cet opéra est publié par la firme Decca et compte parmi les plus grands succès d'interprète de Pavarotti. Le 1er février 1973, il fait ses grands débuts de chanteur de récital international, en solo, au William Jewell College de Liberty, une petite université baptiste du Missouri. Ce concert a pour cadre un programme universitaire consacré au lyrique, sponsorisé par un bienfaiteur local. En tenue de soirée, accompagné d'un pianiste, sans changements de décors ni de costume, il interprète des airs de Rossini, de Bellini ou d'Ottorimi Respighi, à la manière d'un grand chanteur de variété.

Sur la petite scène, victime d'un rhume et d'un trac inédit, il serre entre ses mains un vaste mouchoir blanc. Ce geste apparemment anodin va devenir un véritable gimmick, et le mouchoir immaculé sera pour le restant de sa carrière son porte-bonheur sur scène. Il renvoie à une sorte de romantisme suranné,

45

▲ *Montserrat Caballé.*

46

les qualités du plus grand ténor de sa génération, et pour le public local, peu au fait des us et coutumes de l'opéra. Désormais rôdé à cet exercice, il réitère quelques jours plus tard à Dallas, avant de chanter sous la coupole blanche du prestigieux Carnegie Hall de New York. Beaucoup plus faciles à mettre en œuvre, les récitals rapportent également beaucoup plus. Il en fera une véritable spécialité au cours des décennies 1980 et 1990. Son récital au Carnegie Hall est une nouvelle consécration new-yorkaise.

Au mois de septembre 1973, il chante pour la première fois en plein air dans le Golden Gate Park, non loin du célèbre pont de San Francisco. Expérience inédite pour un interprète venu du classique, qui agit ici comme une véritable vedette pop en plein paradis hippie. Ce concert est également une première : il a réussi à convaincre le San Francisco Symphonic Orchestra dirigé par son ami Kurt Herbert Hadler de jouer derrière lui sur scène ! En marge de cette opération, il dédicace ses disques au cours de l'après-

dont Pavarotti se fait volontiers l'écho, à la croisée d'un héros victorien et d'un personnage d'un film de Luchino Visconti. Ce genre de détail consolide sa notoriété auprès du grand public.

Il est également beaucoup plus proche des spectateurs et n'a pas encore de souffleurs pour l'aider en cas de trou de mémoire. Ce récital est un succès complet à la fois pour les puristes, qui admirent

▲ *En récital à Strawberry Hill, 1979.*
© *Ira Nowinski/Corbis*

midi, comme le ferait une véritable vedette du rock, durant huit heures d'affilée !

Face au succès de cette manifestation, Pavarotti va renouveler ce genre de concerts donnés dans des lieux où l'on a peu l'habitude d'accueillir le monde lyrique, comme le Madison Square Garden ou Central Park à New York. C'est aussi dans la Grosse Pomme, lors d'une séance de signature mémorable, qu'il dédicacera près de six mille disques dans la même journée ! Grâce notamment à ses concerts originaux et à ses nombreuses apparitions publiques, la célébrité de Pavarotti croît de façon exponentielle en l'espace de quelques mois. « Big P », comme l'avait surnommé Joan Sutherland lors de leur première collaboration, est omniprésent, occupant le terrain médiatique comme aucun autre interprète classique avant lui.

On le voit ainsi donner son avis sur le premier choc pétrolier d'octobre 1973 déguisé en émir, discuter avec Frank Sinatra et d'autres chanteurs de variété ou signer ses disques pour le président Carter. Quelques années plus tard, il

effectue également sa première pub télévisée pour vanter les mérites de la carte American Express, entonnant d'une voix chantante son fameux : « Vous me reconnaissez ? » Il déroge à la règle de distance et de discrétion qui règne dans le milieu classique, envoie valser les conventions et dépoussière ainsi un style musical jusqu'alors très élitiste. Aux États-Unis, pays où la puissance médiatique est reine, cela lui vaut une reconnaissance quasi éternelle et l'opéra tout entier profite de cette célébrité.

En 1976, le duo Pavarotti-Sutherland, en compagnie de Sherrill Milnes et de James Morris, interprète *Les Puritains* de Vincenzo Bellini sur la scène du Met, pour la première fois depuis quarante-cinq ans, suscitant des réactions extatiques. Pavarotti chante également *La Favorite* de Donizetti en compagnie de la soprano Fiorenza Cossotto. Il devient l'un des invités réguliers de *Live from the MET*, une célèbre émission télévisée sur la chaîne publique PBS aux États-Unis, qui contribue largement à sa popularité outre-Atlantique. Son interprétation de

Rodolfo dans *La Bohème* avec Renata Scotto, la diva en titre du Met, obtient au mois de mars 1977 la meilleure audience enregistrée jusqu'alors pour un opéra télévisé. Personne ne savait que l'opéra à la télévision allait connaître un tel succès. Acteur-né, il sait parfaitement jouer avec son auditoire ou avec les journalistes. Sur scène, sa voix fait toute la différence, comme s'il découvrait émerveillé, chaque fois qu'il ouvrait la bouche, sa tessiture exceptionnelle. Il chante comme un dieu, tout en délivrant un portrait profondément attachant de Rodolfo, incontestablement l'un de ses rôles préférés. Non content d'avoir été le premier ténor à donner des récitals, le premier à passer à la télévision en direct du Met, il devient le premier chanteur à triompher en solo avec piano sur la scène du Met en 1978. Véritable vedette à l'américaine, rien ne semble alors pouvoir arrêter la spirale de son succès.

▶ Turandot *de Puccini. Luciano Pavarotti dans le rôle de Calaf, San Francisco, 1977.*
© Ron Scherl/Roger-Viollet

années 1980

LA CONSÉCRATION

ffff

La spirale du succès

Luciano Pavarotti est le premier chanteur d'opéra à faire la couverture de **Time Magazine,** *puis de* Newsweek, *contribuant largement à décomplexer l'art lyrique et à le rendre extrêmement populaire. Le 31 juillet 1976, il donne au Festival lyrique de Salzbourg un récital avec le pianiste Leone Magiera, qui deviendra son souffleur et répétiteur attitré au cours des années suivantes. Il participe de nombreuses fois à ce festival, notamment en 1978 lorsqu'il interprète le rôle du chanteur italien dans* **Le Cavalier** à la rose, *un opéra comique de Richard Strauss. Il avait déjà enregistré cet opéra en 1970, un disque récompensé en France par le prix de la prestigieuse Académie Charles-Cros.*

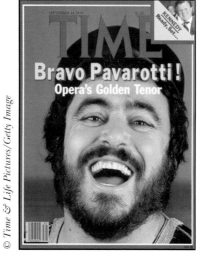

© Time & Life Pictures/Getty Image

Pavarotti retourne chanter à l'Opéra national de Vienne en 1977. Il y retrouve Herbert Von Karajan, qui le dirige dans *Le Trouvère*, l'un des plus fameux opéras de Verdi. Pavarotti y incarne Manrico. En 1978, il donne un récital au Lincoln Center de New York, renouant de plus en plus fréquemment avec une tradition de vedette soliste.

Il organise des cours magistraux de chant lyrique, filmés par la télévision et diffusés sous le nom de *Pavarotti at Juilliard's*, du nom de la célèbre académie de musique américaine. Au cours d'une de ses émissions, il rencontre Madelyn Renee, qu'il embauche comme secrétaire pour répondre à ses fans, avant qu'elle devienne sa maîtresse. Officiellement, il

est son professeur de chant ! Elle commence à le suivre dans tous ses déplacements, à l'exception de l'Italie. Il la fait également monter sur scène avec lui dès qu'il le peut.

En 1979, il organise la première exposition de ses propres peintures dans une galerie new-yorkaise. Évoquant tout aussi bien Botero que le Douanier Rousseau, ses toiles témoignent d'une pétulance

▲ *Luciano Pavarotti dans* Rigoletto, *1978*.
© David Lees/Time Life Pictures/Getty Images

évidente et d'une volonté débridée d'occuper un espace pictural de la manière la plus visible possible, comme il le fait sur la scène d'un opéra. Il vend des lithographies de ses toiles deux mille cinq cents dollars pièce, avant d'être accusé de plagiat par l'auteur d'un livre pour apprendre à dessiner. Le principal intéressé balaiera cette allégation d'un revers de la main.

Sa médiatisation agace dans les milieux de l'opéra. Pourtant, nul ne peut se priver de lui, tant son nom attire le public. À sa suite, nombre de ténors, tel l'Espagnol Placido Domingo, essayent de se faire une place au soleil. Au Golden State Opera de San Francisco, on programme Pavarotti les années paires et Domingo les impaires. Comme le dira son imprésario Herbert Breslin : « Si vous voulez savoir ce que Placido va faire maintenant, vous n'avez qu'à regarder ce que Luciano faisait il y a deux ans. » Pavarotti n'est pas en reste pour enfoncer le clou à l'égard de l'un de ses principaux concurrents : « Domingo cherche à se faire de la publicité, déclare-t-il en 1980 à un magazine italien. À chaque fois que j'ai un succès, il joue des coudes pour attirer l'attention sur lui d'une manière ou d'une autre. C'est un artiste de la plus grande envergure, mais ce n'est pas un homme de qualité. C'est un profiteur qui a fait perdre sa place à Carreras en le faisant jeter par les théâtres qu'il voulait pour lui. Je ne comprends pas pourquoi un homme auquel Dieu a fait le cadeau d'être un aussi grand artiste peut se montrer si

53

▲ *Placido Domingo.*

54

peu généreux. » Ces différences s'aplaniront lorsque tous les trois se lanceront dans l'aventure des Trois Ténors, dix ans plus tard.

Le 12 octobre 1980, le jour de ses quarante-cinq ans, il se produit dans Central Park devant des centaines de milliers de personnes. Son arrivée à cheval, enveloppé dans le drapeau américain, fait sensation. En descendant de sa monture, il donne l'accolade au président Carter, au gouverneur et au maire de New York. On déroule des banderoles, on arbore des badges et on porte des T-shirts sur lesquels on peut lire : *Luciano, We Love You*, un slogan réservé habituellement aux vedettes du rock et de la pop, et

non à celles de l'art lyrique ! On le voit également sur un court de tennis en train de poser auprès de John McEnroe, avec lequel il échange quelques balles. Ses disques se vendent comme des petits pains et il tutoie les plus grandes vedettes de son époque, tous genres confondus.

Grâce au génie marketing de son manager Herbert Breslin, il devient le chanteur d'opéra le plus riche et le plus célèbre au monde. Il joue et chante sur les plus grandes scènes, devenant le plus grand interprète lyrique de sa génération. Paradoxalement, son ascension fulgurante dissimule à peine le déclin de l'opéra italien qu'il englobe

▲ *Pavarotti dans sa loge de la Scala avant d'interpréter Nemorino dans* L'Élixir d'amour, *Rome, 1979.* © *Ira Nowinski/Corbis*

© David Lees/Corbis

de toute sa personnalité. Véritable diva, il commence à multiplier ses frasques, aux dimensions souvent aussi imposantes que sa personne.

Il ne monte pas sur scène sans avoir un clou tordu dans sa poche de veston, si bien que ses assistants s'arrangent pour qu'il en trouve un sur le chemin du plateau. Ses admirateurs lui envoient même des clous tordus en or ! Superstitieux, il ne joue jamais le 17 du mois, préférant rester au lit. L'âge venant, il se

▲ *San Francisco, 1979.*
© *Ira Nowinski/Corbis*

◄ *Pavarotti interprète Radamès dans* Aïda, *San Francisco, 1981.* © *Ira Nowinski/Corbis*

▲ *Jacques Martin et Luciano Pavarotti sur le plateau d'Antenne 2, mai 1983.*
© *Gérard Rancinan/Sygma/Corbis*

56

noircit la barbe, les cheveux et la moustache uniquement avec des bouchons de champagne en liège ! À partir de 1982, il commence à annuler ses premiers concerts, en Australie ou à Londres, au grand désarroi de son public et des organisateurs. Il terrorise bientôt le monde des théâtres et des salles d'opéra, confronté à ses humeurs, à ses maladies imaginaires et à un ego qui ne cesse d'enfler. En 1983, il annule ainsi une représentation de *Tosca* au Royal Opera House de Covent Garden, prétextant une « allergie à la poussière », ce que confirme un certificat médical dûment rempli...

Il n'hésite pas à vexer ouvertement les professionnels de l'opéra, arguant du fait qu'il chante désormais dans des arènes et des stades de plus en plus imposants. Deux éléments non négligeables favorisent cette évolution de carrière. En ce qui concerne leur coût, les répétitions sont nettement moins conséquentes dans un stade que dans un opéra traditionnel. Pavarotti y joue souvent les rôles qu'il connaît par cœur, sans vraiment de prise de risque ou de remise en cause professionnelle. Qui plus est, ces représentations sont beaucoup plus rémunératrices comparées aux cachets d'opéra en vigueur à l'époque. Il touche en effet beaucoup plus de monde dans une enceinte qui contient entre vingt et cent mille personnes que dans les deux ou trois mille fauteuils capitonnés d'un opéra. Véritable passeur, il démontre que ce répertoire lyrique n'appartient pas à une élite mais à tout le monde, quel que soit le lieu dans lequel il chante.

◄ *En concert avec le New York Philarmonic dirigé par Zubin Mehta, Lincoln Center, New York, avril 1983.* © *Bettmann/Corbis*

▶ *Los Angeles, 1981.*
© *Steve Schapiro/Corbis*

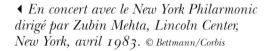

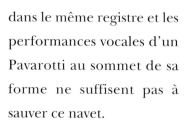

En 1981, Pavarotti cède aux sirènes hollywoodiennes en jouant dans un film glorieusement intitulé *Yes, Giorgio*, et qui est loin de rester dans les annales du cinéma... MGM investit dix-huit millions de dollars dans le projet ! Cette somme colossale est surréaliste lorsque l'on sait que Steven Spielberg réalise la même année le film *E.T.* avec « seulement » dix millions de dollars de budget ! Le tournage a lieu en Italie, en Californie, à New York et à Boston. L'histoire est celle d'un chanteur d'opéra à succès, Giorgio Fini, un nom qui rend hommage à un de ses restaurants favoris de Modène. Le héros perd sa voix avant un concert, mais il sera miraculeusement guéri par Pamela, une femme médecin dont il tombe éperdument amoureux, incarnée à l'écran par Kate Jackson, une des héroïnes de *Drôles de dames*. Au gré d'aventures délicieusement niaises, comme des batailles de nourriture dans une cuisine géante, ils se rendent tous les deux en montgolfière dans le vignoble de Francis Ford Coppola dans la Napa Valley. La suite du film est

▲ Yes, Giorgio *de Franklin Schaffner, avec Luciano Pavarotti et Kathryn Harrold, 1982.* © *Rue des Archives/SVB/KPA*

dans le même registre et les performances vocales d'un Pavarotti au sommet de sa forme ne suffisent pas à sauver ce navet.

Touche à tout et soucieux de transmettre son savoir, il décide de profiter de son aura ascendante pour mettre sur pied en 1981 le Pavarotti International Voice Competition afin de dénicher de jeunes chanteurs d'opéra prometteurs. À ses débuts, la ville de Philadelphie, où se trouve le plus ancien théâtre lyrique d'Amérique, finance en partie ce concours, afin de célébrer les vingt ans de carrière professionnelle de Pavarotti depuis le concours Achille Peri. En 1982, il chante avec les gagnants de la première édition, interprétant notamment des extraits de *La Bohème* et de *L'Élixir d'amour*, deux de ses opéras fétiches. Son père est présent pour l'aider à déterminer les gagnants, à l'issue de demi-finales qui ont lieu à Modène. « Ce que l'on peut offrir de plus précieux à un débutant, confessera Luciano à Ève Ruggieri, c'est l'occasion de se faire entendre. Et pas dans une petite ville de province où le passage d'un imprésario

▶ *À la droite du chef d'orchestre James Levine, Hildegard Behrens, à sa gauche, Ileana Cotrubas et Luciano Pavarotti, après une représentation de* Idoménée, *New York, 1982.*
© *Ted Thai/Time Life Pictures/Getty Images*

demeure improbable, ni dans une production au rabais, mais dans un grand théâtre avec des interprètes célèbres qui attirent le grand public. »

En 1982, il joue enfin le rôle d'Idoménée pour le Met de New York, un opéra dirigé par le chef d'orchestre James Levine et magnifiquement filmé par Jean-Pierre Ponnelle. L'équipe du Met réussit le tour de force d'aller jouer cet opéra dans la ville natale de Mozart au Festival de Salzbourg et elle s'en tire avec tous les honneurs. L'interprétation parfaite de Pavarotti contredit ce que beaucoup craignaient : il s'agit encore d'un véritable artiste d'art lyrique et non pas d'une vedette pop comme son succès universel pouvait le laisser penser. Fort de ses bonnes relations avec Levine et Joan Ingerland, la nouvelle directrice artistique du Met qui lui avait jadis donné sa chance à Covent Garden, le ténor participe également à une tournée de l'opéra new-yorkais au Japon.

En 1983, avec l'aide du promoteur de concert Tibor Rudas, il donne un concert à Atlantic City, une ville de jeu dans la lointaine périphérie de New York. Rudas offre la somme inédite de cent mille dollars que ni Breslin ni Pavarotti ne refusent, alors qu'à l'origine ils ne voulaient pas déprécier la personnalité du maestro en chantant n'importe où. Au lieu du casino prévu, Pavarotti chante sous un chapiteau qui contient neuf mille personnes ! Cette inflation des cachets va progressivement lui faire perdre pied avec la réalité et l'entraîner dans une spirale incontrôlable. Il commence à croire qu'il est si merveilleux qu'il n'a plus besoin de travailler aussi dur que par le passé. Comme le dira plus tard son manager Breslin dans son autobiographie *Le Roi et moi* : « Le défi était de voir jusqu'où nous pouvions aller. »

L'année suivante, il chante devant vingt mille personnes au Madison Square de New York, un lieu plus connu pour ses

« Le défi était de voir jusqu'où nous pouvions aller. »

59

▲ *Luciano Pavarotti et son père, New York, 1986.*
© *Arnaldo Magnani/Getty Images/AFP*

60

événements sportifs et ses concerts de rock que pour ses récitals d'art lyrique. En 1985, il joue Radamès, le personnage central d'*Aïda* de Verdi à la Scala de Milan, face à Maria Chiara, dans une production dirigée par Lorin Maazel. Lors de la première, son interprétation sucrée et romantique à souhait de l'aria « Celeste Aïda » lui vaut une longue *standing ovation*. Ce rôle majeur est plébiscité au Met de New York, ainsi qu'au San Francisco Golden State Opera. Sa confiance, sa maturité et sa technique sont telles qu'il est désormais capable d'endosser n'importe quel rôle majeur de ténor et de s'en tirer avec tous les honneurs. En 1986, il récidive au Madison Square Garden, en réussissant à imposer sur scène son ancienne secrétaire et maîtresse Madelyn Renee, une jeune soprano de vingt-cinq ans.

Même si les récitals deviennent de plus en plus démesurés, Pavarotti prend des risques artistiques en s'attaquant à un répertoire plus sérieux, en jouant des personnages comme Mario Cavaradossi dans *Tosca* ou Calaf dans *Turandot*. Toutefois, il évite les opéras français, généralement plus longs que les opéras

italiens. Il aurait ainsi pu chanter *La Juive* de Fromental Halévy, un rôle idéal pour un chanteur ténor comme lui, ou encore incarner le chevalier des Grieux dans *Manon* de Jules Massenet, d'après le roman *Manon Lescaut* de l'abbé Prévost, un rôle qu'il tint une fois à la Scala en 1969, mais en chantant en italien. Il ne voulait tout simplement pas avoir à apprendre des paroles dans une autre langue que la sienne. Il demeure cependant très lucide vis-à-vis

▲ *Mirella Freni dans le rôle-titre de* Manon, *Met, 1987.* © *Johan Elbers/Time Life Pictures/Getty Images*

de son art, repoussant plus d'une fois ses laudateurs d'une phrase lapidaire : « Ne me dites pas sans cesse que je suis formidable ou que je chante bien. Je sais mieux que vous tous si j'ai bien chanté ou pas ce soir. »

Il part du principe que le public paie pour l'entendre chanter lui, et pas pour voir la réalisation d'un metteur en scène ou de tel ou tel opéra. Il arrive même à faire modifier les décors dans lesquels il évolue, notamment les escaliers, dans *Tosca* ou *La Bohème*, qui sont de plus en plus dangereux pour lui à cause de son âge et de ses excès de poids. Pour les répétitions, il se paie le luxe de faire venir les participants chez lui, partageant toujours avec eux un plat de pâtes avant de se mettre au travail.

En 1985, il joue l'un des rôles les plus représentatifs et difficiles de sa carrière, lorsqu'il devient Riccardo dans *Le Bal masqué* de Verdi, dirigé par Claudio Abbado. Directement inspiré par la personnalité extravagante du roi Gustave III de Suède, Pavarotti joue le rôle d'un souverain épris de l'épouse de son meilleur ami et donc partagé entre l'amour et l'amitié. Il revêt l'habit de Riccardo avec une finesse d'interprétation rare et une élocution toujours parfaite, comme si ce rôle, un de ses meilleurs, avait été taillé sur mesure. Comme l'écrit joliment Éric Dahan à l'époque : « Cette résonance de l'attaque s'entend dans son legato, donnant la sensation d'être cloué sur place et en même temps entraîné très loin. » Le 14 août 1985, à l'approche de son cinquantième anniversaire, on inaugure une statue de lui sur une place de Modène. Cet événement donne lieu à un concert sous forme de répertoire choisi, édité en 33 tours souvenir. Il demeure avant tout un modeste Italien de Modène, fier de ses origines populaires et de la reconnaissance tardive mais réelle de sa ville natale. Il n'hésite d'ailleurs pas à emmener en déplacement un cuisinier local de Modène, afin d'avoir à sa disposition ses plats préférés.

En 1986, pour la deuxième édition du Concours Pavarotti où il chante toujours des passages de *La Bohème* et du *Bal masqué*, il invite les gagnants dans sa ville natale pour une soirée de gala. Dans la foulée, il part en Chine pour une représentation de *La Bohème* à

▶ *À Pékin, en Chine, 1986.*
© *Vittoriano Rastelli/Corbis*

Pékin. Il conclut cette escapade chinoise en jouant dans le Grand Palais du Peuple devant dix mille personnes, enchaînant comme à son habitude les neuf contre-ut sans le moindre effort, devant un public chinois ravi. Il n'en finit pas de sillonner le monde, visitant et jouant en Argentine l'année suivante, où il triomphe à Buenos Aires.

Lors de ses déplacements à travers le monde, il voyage désormais le plus souvent en classe tourisme, sidéré par le prix des places en première classe, mais surtout parce que l'avion est plus solide au niveau des ailes. Il a en effet été victime d'un accident d'avion en atterrissant à Milan lorsque l'appareil d'Alitalia, dans lequel il voyageait en première, s'est brisé en deux, épargnant miraculeusement tous ses passagers.

En 1987, après avoir élevé leurs trois filles, sa femme, Adua, monte Stage Door Opera Agency, une agence de talents artistiques, qu'elle dirige avec maestria. Elle représente notamment Mirella Freni, la sœur de lait de Luciano, ainsi que le chef d'orchestre Daniel Oren. À la même époque, Tibor Rudas récupère toute la gestion des concerts au détriment de Breslin, qui reste tout de même l'agent officiel de Pavarotti.

À l'Opéra national de Vienne, Luciano joue une nouvelle fois Rodolfo dans *La Bohème*, sous la direction de Carlos Kleiber, avec Mirella Freni toujours dans le rôle de Mimi. Ils célèbrent d'ailleurs en 1986 leurs vingt-cinq ans de carrière professionnelle. Au mois de février 1987, il est à Paris afin d'interpréter *L'Élixir d'amour*, où il endosse une fois de plus l'habit de Nemorino. Il retrouve Mirella

62

▶ *Luciano Pavarotti et Juan Manuel Fangio, Argentine, 1987.*
© *Wollmann Rafael/Gamma/Eyedea Presse*

▶ *Luciano Pavarotti (Rodolfo) dans* La Bohème *de Giacomo Puccini, Paris, Opéra Garnier, mai 1986.* © *Colette Masson/Roger-Viollet*

Freni sur la scène du San Francisco Opera en 1988 : ils chantent ensemble *La Bohème*, un spectacle repris sur disque et sur vidéo. Au Deutsche Oper de Berlin, il est applaudi durant une heure et demie, pour la bagatelle de cent soixante-cinq rappels ! Le tandem Pavarotti-Freni, ténor et soprano, fonctionne toujours à merveille, dans l'un de ses plus grands rôles, sans aucun doute celui de sa vie. Pavarotti réussit même à réaliser quelque chose qui lui tient à cœur : faire chanter son père dans *Tosca*. Fernando a coutume de se présenter de la manière suivante : « Moi c'est Pavarotti, lui c'est Luciano ! »

Au Lyric Opera de Chicago, l'autre haut lieu de l'opéra américain, il commence à chanter dès 1973, en triomphant avec son rôle de Rodolfo. Mais en 1989 il est carrément interdit à vie de représentation par la directrice de l'opéra Ardis Krainik, qui met un terme brutal à quinze ans de collaboration. En l'espace de huit saisons, Pavarotti a annulé pas moins de vingt-six représentations sur quarante et une ! Il s'est même désisté avant une première à moins de deux semaines du début des répétitions,

arguant du fait qu'il devait se faire soigner pour une sciatique. Dans le monde de l'opéra, la décision de Krainik, qui pourtant ne cache pas son admiration pour le ténor, fait l'effet d'un coup de semonce.

Herbert Breslin a réussi à bâtir une légende sur le nom de Pavarotti. Ce dernier organise même en 1991 un concours hippique, le Pavarotti International Horse Show, à Modène, afin d'assouvir une passion démesurée pour les chevaux. Son haras en compte une vingtaine et il n'est pas rare qu'il exige un cheval, en plus de son cachet, pour se produire dans l'Oklahoma ou à l'autre bout du monde, des endroits où il ne serait jamais allé sans cela. Il lui arrive même d'annuler des concerts après une chute de cheval. Il a de plus en plus de mal à monter en raison de son poids.

◀ *Luciano Pavarotti (Nemorino) dans* L'Élixir d'amour *de Gaetano Donizetti, Paris, Opéra Garnier, février 1987.* © *Colette Masson/Roger-Viollet*

Sa passion des chevaux satisfaite, il se met à demander des bateaux comme *giftola*, une contraction de l'anglais « cadeau » et du diminutif italien « petit » inventée par Breslin, des présents auxquels le ténor est rarement insensible.

Sa fortune devient colossale. Breslin a parfaitement réussi à « vendre » son artiste comme le produit d'une enfance modeste, le fils du boulanger de Modène, qui, grâce à sa voix en or, a su s'élever vers les sommets. Le romantisme de cette démarche marketing géniale a largement contribué à son succès partout dans le monde. Breslin a merveilleusement capitalisé sur son artiste phare en augmentant progressivement ses cachets, passant de quatre mille à vingt mille dollars pour arriver à plus de cent mille dollars, avant le succès phénoménal des Trois Ténors.

▲ *Luciano Pavarotti boulanger durant ses vacances.* © *Gamma/Eyedea*

années 1990

LE TRIOMPHE
MÉDIATIQUE

5

La démesure des années 1990 : les Trois Ténors, Pavarotti & Friends

Grâce aux talents conjugués de Breslin et de Rudas, la musique de Pavarotti touche un public toujours plus large. Toutes les stratégies sont élaborées afin que la musique classique soit présentée à un public de masse, dans des conditions souvent extrava-gantes. Il en impose dans tous les sens du terme. Physiquement, avec son mètre quatre-vingt-dix et une silhouette qui s'est épaissie au fil des années, il occupe magistralement l'espace. Son mouchoir blanc géant et sa montre de gousset accrochée sur sa poitrine accentuent l'aspect folklorique du personnage. Bon vivant et italien jusqu'au bout des ongles, il ne dissimule pas sa passion des femmes, de la bonne chère, du vin, du foot-ball et de la vie.

© Terry O'Neill/Hulton Archive/Getty Images

En 1987, alors que Pavarotti se repose au bord de l'Adriatique dans sa maison de vacances de Pesaro, il apprend la leucémie de José Carreras, jeune ténor espagnol qu'il estime beaucoup, et fait tout ce qu'il peut pour l'aider à se rétablir. Dès l'année suivante, Carreras peut remonter et chanter sur scène. Sous l'égide de Mario Dradi, le manager italien de Pavarotti, l'idée d'un concert spectaculaire pour marquer son grand retour sur le devant de la scène voit le jour. L'événement doit également permettre de lever des fonds pour la fondation de Carreras. Dradi a l'idée de rassembler trois des plus grands ténors vivants afin qu'ils chantent ensemble, en leur proposant un tarif forfaitaire de trois cent mille dollars la soirée, une somme totalement inédite pour un chanteur d'opéra. Le reste

des recettes ira à des œuvres de charité. L'interprétation de la célèbre aria « Nessun dorma » de Puccini obtient le statut de véritable tube pop en devenant le générique de la Coupe du monde de football 1990 pour la BBC. Le 7 juillet, à la veille de la finale en Italie, Pavarotti chante cette aria en compagnie de Placido Domingo et de José Carreras dans l'enceinte des thermes romains de Caracalla. Des centaines de millions de téléspectateurs découvrent alors les trois chanteurs ainsi que le chef d'orchestre Zubin Mehta, qui dirige les orchestres du Maggio Musicale de Florence et du Teatro dell'Opera de Rome. Après cette prestation, Pavarotti chante seul à Hyde Park devant cent cinquante mille personnes, dans le cadre d'un concert retransmis à la télévision et nécessitant l'interruption du trafic routier londo-

nien. À l'époque, seules les grandes vedettes de la pop comme Madonna ou Michael Jackson peuvent se permettre ce genre d'excentricités. En dépit de la pluie incessante, le spectacle est un triomphe. Le prince Charles et la princesse Diana viennent le féliciter en personne, sous la pluie, dès la fin du concert.

71

Commercialisé, l'enregistrement du concert historique des Trois Ténors devient, en dépassant largement les dix millions d'exemplaires vendus, la meilleure vente de disques de musique classique de l'histoire. Ce succès spectaculaire suscite vite l'ire des principaux intéressés, qui ne perçoivent pas la moindre recette sur les ventes, après avoir fait l'erreur de donner toutes leurs royalties à des organisations caritatives. Ce disque fait ainsi la fortune de Dradi et de Decca ! Grâce à l'entregent de Breslin, Pavarotti, qui est alors en contrat exclusif avec Decca, obtient comme compensation un million et demi de dollars, somme sans aucune comparaison avec le dédommagement de ses deux collègues.

Rarement dans l'histoire de l'opéra, pas même lors des galas donnés en l'honneur d'imprésarios influents, trois chanteurs à la voix proche ont partagé ensemble la scène en chantant des airs

72

▸ *Les Trois Ténors
(de gauche à droite),
Placido Domingo,
José Carreras et Luciano
Pavarotti en concert
à Monte-Carlo sous la
direction de Zubin Mehta.*
© *Thierry Orban/Corbis Sygma*

vieux de plus d'un siècle. Mathématiquement, chacun divise ses efforts de deux tiers, tout en gagnant beaucoup plus d'argent qu'en solo. Confortés par ce premier succès, les Trois Ténors donnent une nouvelle série de concerts gargantuesques produits par l'Allemand Matthias Hoffmann, afin de célébrer des occasions spéciales, les Coupes du monde de football en 1994, 1998 et 2002 ou la réouverture des bains thermaux de Bath, en Angleterre. Pour leur deuxième concert, à Los Angeles, en 1994, toujours sous la houlette de Zubin Mehta, ils attirent cinquante-six mille spectateurs dans l'enceinte du Dodger Stadium et touchent près d'un milliard et demi de personnes grâce à la télévision, un record ! Leur cachet est lui aussi exceptionnel : on l'estime à deux millions de dollars par ténor, et d'un million pour Mehta !

Leurs disques donnent lieu à des ventes phénoménales. Leur répertoire est pluriel : il s'étend de l'opéra à la pop, au rock et à la soul. L'aria « Nessun

dorma » de Puccini fait partie de leurs grands succès, tout comme l'air populaire « O sole mio ». Sous l'égide de Pavarotti, tous les trois contribuent à populariser l'opéra et la musique lyrique auprès du plus grand nombre. Les puristes s'offusquent du fait que les tours de chant se déroulent dans d'immenses stades ou dans de vastes parcs, avec une sonorisation plus appropriée à un concert de rock, ce qui biaise parfois le rendu de certains opéras. D'autres chanteurs d'opéra comme le Suédois Jussi Björling ou John McCormack se sont produits avant eux en plein air, mais aucun interprète n'atteint toutefois le niveau de reconnaissance médiatique et de rétribution des Trois Ténors, qui n'ont besoin d'aucune forme de publicité !

Comme il le confie au quotidien britannique *The Guardian* en 2004, Pavarotti s'est totalement identifié à la personnalité du ténor, reconnu par tous : « Le ténor est toujours un chanteur populaire. Le ténor est à la fois le héros et l'amoureux. De nombreuses chansons populaires de l'époque comme "O sole mio" ou "La mamma" ont été écrites spécialement pour des ténors. Certains

74

disent que le mot "populaire" est désobligeant et synonyme de "sans importance" et cela, je ne l'accepte pas. Tout comme je n'accepte pas davantage que le mot "classique" puisse être synonyme d'"ennuyeux". Il y a la bonne et la mauvaise musique. Vous appartenez au monde dans lequel vous vivez. Vous ne pouvez pas vous tenir à l'écart des médias, cela fait largement partie de votre métier. Lorsque nous donnons un concert des Trois Ténors avec José Carreras et Placido Domingo, nous chantons devant un milliard et demi de personnes. Je ne pense pas que Caruso ait chanté devant plus de cent mille personnes au cours de sa carrière. »

Carreras et Domingo chantent parfois avec d'autres interprètes. À Noël 1992, ils enregistrent ainsi avec la chanteuse soul américaine Diana Ross et publient l'album *Christmas in Vienna*, sans que Pavarotti s'en offusque. Il profite luimême abondamment du tremplin des Trois Ténors pour sa carrière personnelle. Son accession aux plus hautes sphères de l'opéra et sa célébrité galopante ne sont pas exemptes de problèmes. De plus en plus capricieux, il

continue d'annuler des représentations à la dernière minute. Lors des concerts avec ses deux collègues, il ne se déplace aux abords de la scène qu'en voiturette de golf et près d'une quarantaine de personnes sont parfois mises à contribution pour sa seule personne ! À l'occasion de tournées en Chine et au Japon, il fait affréter un avion entier pour le personnel adéquat, des tonnes de nourriture, du coupe-jambon, des machines à espresso ainsi que du matériel de cuisine !

Placido Domingo dit comprendre les complaintes des puristes, mais préfèrerait que ceux-ci n'assistent pas aux concerts des Trois Ténors. Leur succès fait école : une multitude d'imitateurs plus ou moins bien inspirés, comme les Trois Ténors canadiens, les Trois Ténors chinois, les Ténors australiens, Trois Ténors et Une Soprano, les Trois Contre-Ténors, Three Mo' Tenors, les Dix Ténors. En 2000, la comédie américaine *Off-Key* (*Tout faux*) se moque allégrement des Trois Ténors. Se sentant évincés de cette organisation par Hoffmann, Rudas et Breslin mettent même sur pied les Trois Sopranos, qui font rapidement long feu.

En 1996 et 1997, Hoffmann organise une tournée internationale des Trois Ténors. Mehta refuse de les diriger, préférant désormais, avec l'argent gagné, se consacrer à de « la musique sérieuse ». Le chef d'orchestre puriste du Met, James Levine, prend la direction de l'orchestre qui les accompagne, trop heureux de gagner cinq cent mille dollars par représentation alors que chaque ténor touche en moyenne deux millions et trois cent mille dollars par concert ! En juin 1998, ils sont sur l'esplanade du Champ-de-Mars pour la Coupe du monde de football sous la direction de Levine. Près de deux milliards de téléspectateurs assistent à ce spectacle en plein air, un record inégalé pour un opéra ! En 2002, à Yokohama, les Trois Ténors récidivent. Au final, entre 1990 et 2003, ils donnent ensemble trois cent trente-quatre concerts ! Pourtant, le public se lasse. Faute de ventes suffisantes, le concert célébrant le passage du nouveau millénaire à Vancouver

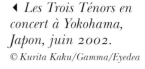

manque d'être annulé. Les places ont été vendues au rabais et les trois artistes arrêtent le concert à minuit moins le quart afin de célébrer cet événement en famille dans les coulisses, laissant en plan les spectateurs.

En marge des Trois Ténors, Luciano Pavarotti a poursuivi sa carrière, interprétant des opéras et donnant des récitals tout au long de la décennie. En 1992, il joue *Don Carlos* de Verdi dans une mise en scène de Francisco Zeffirelli à la Scala de Milan, dirigé par le grand chef d'orchestre italien Ricardo Muti. Sifflé et conspué par une partie du public, attaqué par la critique, il décide de ne plus jamais revenir chanter dans cet antre de l'opéra mondial. La même année, à Sheffield, il préfère interrompre un concert à cause d'un rhume plutôt que de poursuivre et de s'attirer les foudres du public. Il promet de rejouer ultérieurement pour un prix nettement réduit, un engagement qu'il tiendra six semaines plus tard.

Même s'il est alors aussi connu qu'une vedette pop, il veille toujours à rester

76

« *Bourreau, bourreau, bourreau !* »

dans son rôle de chanteur lyrique. Il se met à donner des cours de chant auprès de quelques privilégiés. Au mois de juin 1993, plus de cinq cent mille personnes viennent l'entendre à Central Park, à New York, un concert retransmis dans le monde entier, qui constitue un record d'affluence. Au mois de septembre, il chante sur le Champ-de-Mars devant trois cent mille admirateurs. La même année, au palais Garnier à Paris, il interprète le rôle de Mario Cavadarossi dans *Tosca* de Puccini, un de ses personnages fétiches. Amené sur scène par deux laquais, il est assis sur un tabouret qui s'effondre sous son poids. Les spectateurs s'esclaffent et Pavarotti finit sa tirade à genoux : « Bourreau, bourreau, bourreau ! » s'exclame-t-il, pestant à la fois contre lui-même et contre le public. Ce soir-là, sa démesure physique prend le pas sur ses cordes vocales.

Petit à petit, les frasques de sa vie privée commencent à faire jaser. En 1993, alors qu'il chante Otello au Met en compagnie de Domingo pour célébrer leurs vingt-cinq ans de carrière dans cette insti-

▸ *Luciano Pavarotti dans* Un bal masqué *de Giuseppe Verdi, Paris, Opéra Bastille, mars 1992.* © Colette Masson/Roger-Viollet

tution new-yorkaise de l'art lyrique, il quitte brusquement la scène entre deux actes afin d'aller poursuivre sur la 65ᵉ Rue son assistante et secrétaire Judy Kovacs, qui a décidé de le quitter ! Les médias n'ont heureusement pas vent de cette escapade et personne ne verra la photo de Pavarotti en costume d'Otello, implorant sa maîtresse de revenir, en plein cœur de New York !

En dépit de ses tournées incessantes, Luciano Pavarotti prend un malin plaisir à retourner de plus en plus fréquemment dans sa propriété de Saliceta San Giuliano, dans la campagne de Modène, une vaste demeure de maître de trente-cinq pièces aux murs ocre. Dans les nombreuses dépendances, il a installé ses parents, la famille de sa sœur et celle de sa belle-sœur Giovanna, qui a élevé ses trois filles en l'absence d'Adua, le plus souvent aux quatre coins du monde avec Luciano. Dans ce havre de paix, il se repose et renoue avec sa passion pour la terre et l'authenticité du terroir italien.

Il produit du vin, cultive des céréales, des légumes et des fruits. Ses exigences terriennes l'ancrent définitivement dans sa région d'Émilie-Romagne. Il monte un haras réputé non loin de Modène, où il met les chevaux qu'on lui offre. Parfois, il ramène dans ses bagages des cochons, du mobilier de chambre d'hôtel, une fois même une diététicienne et un maître d'hôtel péruvien ! Comme tous ceux qui ont réussi à Modène, il s'est offert une résidence secondaire à Pesaro, au bord de l'Adriatique, réalisant un rêve de jeunesse. C'est là qu'il aime s'adonner à une autre de ses passions, la peinture. Il possède également plusieurs appartements à New York.

Pourtant, au fil des années et des succès innombrables, il finit par devenir une caricature de lui-même. Ivre de sa gloire, il ne sait pas s'arrêter. Comme pour justifier une attitude hors norme et une personnalité fantasque, il s'exclame un jour : « L'opéra est un monde artificiel, alors où serions-nous sans personnalités pittoresques et hautes en couleur ? Nous, musiciens et sportifs, avons la chance de donner des messages de joie et de liberté. Pour des gens de ma génération qui jouaient au football avec un ballon fabriqué de toute pièce, la découverte du plastique, les voyages sur la lune, les transplantations cardiaques,

les téléphones portables font beaucoup croire aux vertus du progrès. Pour le reste, tout ce que j'ai appris vient de ma mère : ne pas juger les gens au premier abord, penser que chacun est fondamentalement bon, faire confiance à l'homme. J'ai beaucoup de chance, je me dois d'être heureux. »

Sous la bannière de Pavarotti & Friends, il va faire œuvre de générosité. Il organise ainsi de nombreux concerts pour la paix, contre la faim dans le monde ou pour aider la recherche contre le sida. En 1989, l'une de ses premières actions d'envergure consiste à donner un concert de soutien aux victimes d'un tremblement de terre en Arménie, aux côtés notamment de Charles Aznavour. Afin de lever des fonds pour différentes causes, il organise plusieurs concerts caritatifs à Modène, rassemblant autour de lui des interprètes issus de tous horizons. Il partage ainsi la scène avec des artistes aussi divers que les Corrs, Stevie Wonder, Anita Baker, Jon Bon Jovi ou

▲ *Nicoletta, la seconde femme de Luciano, le ténor, sa sœur Gabriella et son père Fernando, août 2001.*

© *Alain Benainous/Gamma/Eyedea*

79

◄ *Le ténor italien Luciano Pavarotti sur scène avec Stevie Wonder au piano, Modène, 1998. (De gauche à droite : Lucinda Williams, Trisha Yearwood, Jon Bon Jovi, Stevie Wonder, Céline Dion, The Spice Girls, Luciano Pavarotti, Zucchero, Natalie Cole, Florent Pagny, The Corrs, Eros Ramazzotti, Pino Daniele.)*

© *Rue des Archives/Lebrecht*

80

Andreas Vollenweider. « Je crois que les critiques classiques ont compris que ces concerts ne sont pas des lieux de grande leçon d'art lyrique ou de musique, mais l'occasion de rassembler des pères, des mères et des filles pour chanter ensemble. Quel mal y a-t-il là-dedans ? » Telle sera sa défense face à ses détracteurs. Il participe en parallèle à de nombreuses campagnes publicitaires de bienfaisance. La bannière Pavarotti & Friends lui permet également d'enregistrer avec de nombreuses vedettes du monde de la pop et du rock, comme Brian Eno, Sting, Florent Pagny, Bono, Elton John ou James Brown. Férue de pop et de variété, sa maîtresse puis seconde femme, Nicoletta Manto-

vani, l'encourage dans ce sens. Elle va jusqu'à superviser l'enregistrement de certains duos.

En marge de ces collaborations artistiques, il donne également des concerts au profit de War Child, une organisation caritative qui s'occupe des enfants victimes de conflits au Guatemala, au Liberia, au Cambodge ou en Irak. Comme il le déclare alors à *Libération* : « Les enfants sont hélas toujours les premières victimes. Il faut qu'on leur donne

les moyens d'apprendre un métier, ainsi que la musique, le sentiment que leur vie a un sens, qu'ils ne sont pas inutiles. On tâche aussi d'aider ces populations à produire elles-mêmes les moyens de leur subsistance. » Il participe activement à la campagne pour l'élimination de mines terrestres menée par la princesse Diana, dont il devient d'ailleurs un ami proche. Invité à chanter pour ses funérailles en août 1997, il déclinera en raison « de la tristesse qu'il ressent au fond de [sa] gorge ». Il épouse également la cause tibétaine, mais demeure surtout sensible au conflit qui fait rage dans l'ex-Yougoslavie au cours de la majeure partie des années 1990. En 1994, il participera ainsi à un concert pour la paix à Sarajevo, aux côtés de U2. L'année suivante, il enregistre le single « Miss Sarajevo » avec le quatuor irlandais. Une fois la guerre terminée, il finance le Pavarotti Music Center dans la ville de

Mostar, dévastée par le conflit, afin d'aider les artistes et musiciens locaux à retrouver le goût de l'expression musicale et à développer leurs talents. Pour tous ses efforts, il sera nommé citoyen d'honneur de la ville de Sarajevo en 2006.

Après avoir assisté à un concert de U2 dans un stade américain à la fin des années 1980, Pavarotti décide de faire de même, comme une véritable vedette du rock et de la pop. The Edge, le guitariste du groupe irlandais en témoigne : « Pavarotti est venu nous voir jouer dans un stade et il a été complètement conquis par ce qu'il a vu. Il n'a eu qu'une envie, faire la même chose, devenir une pop star et chanter dans des stades. À partir de là, il s'est mis à nous appeler tous les jours : "Alors les gars, quand est-ce que l'on fait un album ensemble ?" On lui répondait : "Ouais, ouais, Luciano, c'est une superbe idée, on y pense, on y pense." Il insistait, c'était presque du harcèlement. Au bout d'un certain temps, on ne le prenait même plus au téléphone. »

Le 12 décembre 1998, il devient le premier chanteur d'opéra à participer à la

célèbre émission télévisée américaine *Saturday Night Live*, en compagnie de la chanteuse R'n'B Vanessa L. Williams. À la fin de l'année, il reçoit le très prisé Grammy Legend Award. Dans un autre registre, l'Académie nationale des arts et des sciences américains le déclare personnalité de l'année. En 1999, le fisc italien lui réclame une somme astronomique. Pour sa défense, Pavarotti argue du fait qu'il réside à Monaco. Il trouve un accord avec le gouvernement italien portant sur près de treize millions d'euros d'impôts de retard, de majorations diverses et de fraude fiscale.

Les honneurs commencent à fleurir. Il est intronisé membre honoraire de l'université de Miami, au sein d'une fraternité consacrée à l'avancement de la musique en Amérique. Il reçoit également la médaille de la liberté de Londres, la récompense de la Croix-Rouge internationale pour ses services rendus à l'humanité et pour les fonds qu'il a réussi à lever. Le Kennedy Center de Boston lui fait honneur en 2001. Il est aussi détenteur de deux records homologués dans le *Livre Guiness des records*, celui du plus grand nombre de rappels (165), et celui de la meilleure vente d'albums classiques.

En 2001, il reçoit la médaille Nansen de la part du Haut-Commissariat des Nations unies pour les réfugiés. Il a réussi à collecter plus d'un million et demi de dollars – une somme jamais égalée par aucune autre personnalité engagée dans cette activité – au travers de ses concerts ou de diverses apparitions caritatives. Son omniprésence médiatique éclipse désormais sa carrière de chanteur d'opéra.

▼ *De gauche à droite : Van Cliburn, Julie Andrews, Jack Nicholson, Luciano Pavarotti, et Quincy Jones posent ensemble après un dîner organisé en leur honneur au Kennedy Center de Boston,* 12 janvier 2001.
© Gamma/Eyedea

anneés 2000
HOMMAGE

6

Rideau, maestro

À la fin de l'année 2002, Luciano Pavarotti rompt de manière acrimonieuse avec son manager Herbert Breslin, après une relation de travail de trente-six ans ! Véritable divorce, à l'image de celui qu'il vient de vivre avec sa femme Adua l'année précédente, cette rupture marque le début de la fin. Amer, Breslin publie en 2004 un ouvrage pamphlétaire et racoleur, Le Roi et moi, dans lequel il stigmatise parfois violemment la manière de travailler de Pavarotti. Breslin s'en prend surtout à l'incapacité de Pavarotti à lire la musique, à apprendre ses parties et au fait que celui-ci est selon lui un piètre acteur sur une scène d'opéra. Il reconnaît néanmoins leur succès phénoménal au cours de ces quatre décennies de travail collectif.

Pavarotti restera peu loquace face aux allégations de Breslin, dépassé par d'autres problèmes. À peine s'il se défendra de savoir lire ses partitions, tout en reconnaissant avoir parfois quelques problèmes lors des parties orchestrales. S'il est vrai qu'il note les paroles des opéras qu'il interprète sur des carnets avec des dessins simplistes qui illustrent des mélodies ascendantes ou descendantes, il se justifie en affirmant dans *Le Corriere della Sera* : « Je ne vais pas au bout de mes recherches musicales. La partition est un monde et le chant en est un autre. Si vous avez la musique dans votre tête, que vous la chantez avec votre corps, tout se passera bien. »

Pourtant, son talent demeure immense, ne serait-ce que par la présence enveloppante de son timbre de voix de ténor et la beauté naturelle des sons qu'il émet. Expansif et conquérant, il a démontré tout au long de sa carrière un amour insatiable de la scène, une nature généreuse et la capacité étonnante de faire croire à chaque personne dans le public

▲ *Luciano Pavarotti en concert au Capital Gymnasium, Pékin, Chine, décembre 2005.*
© *China Photos/Getty Images/AFP*

qu'il chante pour elle seule. Malgré les années, son timbre possède toujours la clarté grâce à laquelle il s'est distingué, sa diction est encore parfaite et il peut être absolument sûr de ses contre-ut et de ses notes hautes, quoi qu'en disent ses détracteurs.

Il maîtrise son art lyrique sur le bout des ongles. « Sur scène, je souffre pendant les cinq première minutes, et puis, si ma voix est bien placée, je m'amuse », a-t-il coutume de dire, histoire de minimiser une technique et une assurance souvent hors du commun. Prosélyte en diable et passionné par son métier, il reprend son bâton de pèlerin et son célèbre mouchoir blanc en 2002, en entamant une énième tournée mondiale en solo. Il chante notamment au Stade-Vélodrome de Marseille. À ceux qui lui demandent conseil, il a l'habitude de répondre : « Je fais comme m'ont appris mes professeurs : je m'attache à produire des sons très ronds en forme de cathédrales. »

Il se sait vieillissant, a parfaitement conscience que l'art lyrique, en dépit de

▲ *Luciano Pavarotti au théâtre Anayansi, Panama, janvier 2004.* © *Marcos Delgado/Epa/Corbis*

succès personnels colossaux, est un art qui tombe en désuétude. Confronté à un monde où tout s'accélère et où la vertu de patience se meurt, l'opéra redevient l'art de la représentation par excellence, moins incarné mais toujours plus scintillant et emphatique. Comme il le dira à *Libération* : « Il y a toujours des musiciens phénoménaux, mais on voit moins de chanteurs et plus d'acteurs sur les scènes d'opéra. Pour moi, la combinaison parfaite des deux talents, c'était la Callas et Di Stefano. Je ne pourrai pas en citer cinq de leur niveau aujourd'hui. Un ténor ou un soprano de vingtième catégorie de mon temps serait une superstar aujourd'hui. Il y a plus de conservatoires, plus de théâtres, les chanteurs sont suivis plus jeunes ; pourtant je sais que la génération des Tebaldi et des Corelli n'a pas été remplacée. »

88

En 2003, il publie « Ti Adoro », un disque qui flirte ouvertement avec la pop.

En 2003, il publie *Ti Adoro*, un disque qui flirte ouvertement avec la pop et confirme son statut de chanteur d'opéra grand public en quête d'une audience rajeunie. En marge de ses aventures avec les Trois Ténors, il confirme sur ce disque son exceptionnel talent. Il ne s'agit guère d'interprétation lyrique ici, mais plutôt de pop italienne contemporaine sertie d'arrangements électroniques chantée par l'un des plus grands ténors. Pour le titre « Ti adoro », il se lance dans un rock emmené par la guitare de Jeff Beck avec des références à Caruso, son illustre prédécesseur. Âgé de soixante-huit ans, Pavarotti y interprète essentiellement des compositions originales signées Michele Centonze. Il revisite également le thème de Roméo et Juliette, revu et corrigé par Nino Rota, un passage déjà enregistré avec les Trois Ténors. Tout au long de l'album, il démontre une verve rare pour un interprète de son âge, même si la critique lui reproche parfois le côté « popera » de ce disque.

Marié durant quarante ans avec sa première femme Adua Veroni, qui lui a donné trois filles, Lorenza, Christina et Giuliana, il divorce en 2001, cinq ans après qu'Adua eut découvert sa liaison

avec son assistante personnelle, Nicoletta Mantovani. Il a rencontré celle-ci en 1993, alors qu'elle était encore étudiante en biologie. Fille de banquier, elle travaille dans l'équipe du concours hippique qu'il organise chaque année à Modène, le Pavarotti International Horse Show. Elle a vingt-six ans, lui cinquante-huit. La presse people publie des photos du couple adultérin en vacances à la Barbade, au grand dam de sa femme, Adua, pourtant accoutumée aux absences répétées et aux aventures

de son mari. On l'accuse d'ailleurs d'avoir prévenu les paparazzi, afin de créer des circonstances favorables à un divorce. Leur séparation acerbe passionne l'Italie entière. Adua lui demande la moitié de sa fortune et il finit par transiger. Progressivement, Nicoletta change de look et se met à régir de manière informelle les concerts Pavarotti & Friends organisés chaque année à Modène. Elle se plaît également à fréquenter toutes les vedettes pop et rock participant ou susceptibles de participer à ces événements. Elle contribue à moderniser l'image de diva pop du ténor au détriment de son statut de roi du bel canto. Nicoletta accouche de jumeaux en 2003. Seule la fille, Alice, survit. Le 13 décembre 2003, Pavarotti épouse Nicoletta en secondes

▲ *Luciano Pavarotti et Nicoletta Mantovani, Milan, avril 2003.* © *Rue des Archives/ITAL*

89

▲ *Luciano Pavarotti arrive à Londres en compagnie de Nicoletta Mantovani pour son récital au Royal Opera House, à Covent Garden, mai 1997.* © *David Giles/EPA-PA/AFP*

▲ *Luciano Pavarotti épouse Nicoletta Mantovani à Modène en 2003. Leur fille Alice a un an.* © *Gamma/Eyedea Presse*

▶ *Au Metropolitan Opera de New York, lors de la dernière représentation de Pavarotti, 13 mars 2004.*
© *Jason Szenes/Epa/Corbis*

90

noces sur la scène du Teatro Comunale de Modène, là même où il fit ses débuts de chanteur, devant un parterre de six cents invités, au rang desquels Bono, Sting et Donatella Versace.

Dans la foulée, il entame sa tournée mondiale d'adieux en 2004, censée lui rapporter trente-cinq millions de dollars ! Il chante dans des salles légendaires et des lieux plus récents, qui reflètent le parcours accompli en près de cinquante ans de carrière. Pourtant, son répertoire lyrique s'amenuise au profit

▶ *Pavarotti en concert à Hambourg, août 2004.* © *David Hecker/DDP/AFP*

de ses opérations plus pop. Le 13 mars 2004, il effectue ses adieux au Metropolitan Opera de New York, en interprétant une nouvelle fois le rôle de Mario Cavaradossi dans *Tosca* de Puccini. Les places s'arrachent à près de deux mille dollars au marché noir, une somme astronomique, même pour les plus grandes vedettes pop ! Il reçoit une ovation spectaculaire de douze minutes, pour ce qui demeure sa dernière apparition sur une scène d'opéra. Au mois de décembre, il annonce une tournée mondiale supplémentaire de quarante dates.

En mars 2005, il est opéré du cou pour une lésion aux vertèbres. Le 4 juin 2005, victime d'une laryngite, il annule sa participation à une représentation des Trois Ténors au Forum universel des cultures de Monterrey, au Mexique. Au début de l'année 2006, on l'opère du dos et il attrape une infection nosocomiale qui l'oblige à annuler de nouveaux concerts en Amérique du Nord et en Grande-Bretagne. Malade, devenu trop lourd pour bien se mouvoir sur scène, il limite ses apparitions publiques au minimum et toutes les productions sont désormais aménagées en fonction de

ses déplacements. Il chante néanmoins son aria fétiche « Nessun dorma » le 10 février 2006 lors de la cérémonie d'ouverture des jeux Olympiques d'hiver de Turin, ce qui sera son dernier succès publique, devant des centaines de millions de téléspectateurs. Il est ovationné de manière extraordinaire lors de cette prestation, alors que la foule entonne les chœurs. Il est de loin le chanteur d'opéra le plus populaire de tous les temps, ayant largement dépassé Caruso, deux générations auparavant.

Il veut définitivement avoir pris sa retraite avant son soixante-dixième anniversaire. Se sentant en fin de carrière, il

n'hésite pas à déclarer : « Je pense qu'une vie consacrée à la musique est quelque chose de fabuleux et c'est ce à quoi j'ai dédié ma vie entière. » On lui diagnostique un cancer du pancréas au mois de juillet 2006. Il affronte pas moins de cinq chimiothérapies, à la suite desquelles sa femme jure qu'il n'a pas perdu de cheveux. Ses apparitions publiques se font plus rares. Pavarotti ne baisse pas pavillon pour autant ; il lutte contre la maladie avec l'espoir de pouvoir honorer les dates de sa tournée mondiale d'adieux. Il essaye de reprogrammer en vain ses derniers concerts européens, en Finlande, en Norvège, en Suisse, en Autriche, en Grande-Bretagne et au Portugal au fil de l'année 2007. Il comptait même enregistrer un nouvel album sous le titre *Pavarotti & Friends*. Le 9 août, il entre à l'hôpital de Modène, afin de se faire soigner officiellement d'une pneumonie.

Fin août 2007, le gouvernement italien instaure un nouveau prix d'« excellence culturelle ». Pavarotti est le premier à recevoir cet honneur, deux jours avant sa mort, et il assure dans un communiqué : « Je m'incline, plein d'émotion et de gratitude, devant le prix qui vient de m'être attribué car il me donne l'opportunité de continuer à célébrer la magie d'une vie passée au service de l'art. » Lorsqu'il est opéré à New York du pancréas au cours de l'été, Nicoletta demeure en Italie. Le couple bat de l'aile depuis un moment déjà. Le 6 septembre 2007, Pavarotti s'éteint dans sa villa de Modène, après avoir combattu contre la maladie des mois durant. Finalement réconcilié avec l'Église catholique, il reçoit l'extrême-onction avant de rendre le dernier souffle.

L'Italie entière est bouleversée par sa disparition. Il s'agit d'un véritable deuil national. Comme le note le président du Conseil, Romano Prodi, « avec la mort du maître, une très grande voix de la musique et de l'Italie disparaît », ce que confirme Silvio Berlusconi en ces termes : « Pavarotti a été un ambassadeur de notre musique, de notre culture et de nos traditions. » Selon le compositeur Ennio Morricone, « sa voix était comme une épée très douce, extraordinaire, merveilleuse », et pour son ami Francisco Zeffirelli, qui l'avait dirigé à maintes reprises, « son plus grand mérite

93

94

est d'avoir abordé la musique dans sa globalité, de la chansonnette au lyrique en passant par l'opérette. Il y avait des ténors et il y avait Pavarotti. » Au fil des décennies, au même titre que le football ou les pâtes qu'il affectionnait tant, Pavarotti était devenu le plus grand représentant culturel italien dans le monde, un véritable chevalier du *canto italiano*. La *Repubblica* va jusqu'à le qualifier de « mythe italien ».

Il est honoré une dernière fois dans la cathédrale de Modène, là même où il avait effectué ses débuts de chanteur au sein de la chorale locale. Plusieurs de ses salles fétiches comme l'Opéra national de Vienne, l'enceinte du Festival de Salzbourg ou le Royal Opera House de

▶ *L'archevêque Benito Cocchi bénit le cercueil de Pavarotti, Modène, 8 septembre 2007.*

Londres lui rendent hommage, alors que la célèbre Fenice de Venise laisse ses drapeaux en berne. Son dernier testament, rédigé cinq semaines avant sa mort, est ouvert le 17 septembre. Pavarotti déshérite partiellement les trois filles qu'il a eues de son premier mariage avec Adua au profit de sa seconde épouse, Nicoletta, et de leur petite Alice. Ses aînées ne pourraient bénéficier de ses biens, estimés entre vingt et deux cents millions d'euros, qui comprennent notamment trois appartements à Central Park et une collection de Matisse !

De son vivant, Pavarotti était déjà la plus grande vedette de l'histoire de la musique classique, devançant tous ses modèles. Décédé, il y a peu de chances qu'on lui succède dans les années à venir. Il était le dernier d'une grande et longue lignée de ténors italiens évoluant entre les opéras de Verdi, de Puccini et d'autres figures de l'art lyrique italien, dans un registre fort éloigné des goûts formatés de notre époque. Rien que pour cela, Pavarotti était un véritable phénomène, certainement le plus grand et le plus illustre ténor lyrique de l'histoire.

▼ *Page suivante : Boston, novembre 2001.* © *Dwyer Michael/Gamma/Eyedea Presse*